VOCÊ SABE VENDER

João Paulo Souza

omo se tornar
m profissional de
endas do presente
 do futuro

VOCÊ SABE VENDER?

João Paulo Souza

Como se tornar
um profissional de
vendas do presente
e do futuro

Copyright© 2015 by Editora Ser Mais Ltda.
Todos os direitos desta edição são reservados à Editora Ser Mais Ltda.

Presidente:
Mauricio Sita

Capa, diagramação e projeto gráfico:
Candido de Castro Ferreira Jr.

Revisão:
Samuri José Prezzi

Gerente de Projeto:
Gleide Santos

Diretora de Operações:
Alessandra Ksenhuck

Diretora Executiva:
Julyana Rosa

Relacionamento com o cliente:
Claudia Pires

Impressão:
Imprensa da Fé

Dados Internacionais de Catalogação na Publicação (CIP)
(Câmara Brasileira do Livro, SP, Brasil)

Souza, João Paulo
Você sabe vender : como se tornar um profissional de vendas do presente e futuro / João Paulo Souza. -- São Paulo : Editora Ser Mais, 2015.
ISBN 978-85-63178-81-7

1. Administração de vendas 2. Clientes - Contatos 3. Clientes - Satisfação 4. Sucesso em vendas 5. Vendas e vendedores I. Título.

15-06775   CDD-658.81

Índices para catálogo sistemático:
1. Administração de vendas 658.81

Editora Ser Mais Ltda
Rua Antônio Augusto Covello, 472 – Vila Mariana – São Paulo, SP – CEP 01550-060
Fone/fax: (0**11) 2659-0968
Site: www.editorasermais.com.br

Dedico este livro a alguém muito especial:

_____

Mesmo com algumas respostas negativas, você ajuda a humanidade conquistar o melhor, orienta o ser humano a conhecer o desconhecido.

Como consultor de vendas, você transforma sonhos em realidade, faz o bem a cada amanhecer.

Persista e vencerá!

Que esta obra venha a ser um marco positivo em sua vida profissional e você venha a evoluir e realizar todos os seus objetivos.

_____

_____ __/__/__

SUMÁRIO

○ AGRADECIMENTOS | p.11

○ PREFÁCIO | p.13

○ INTRODUÇÃO | p.15

PARTE 1
CONHECENDO UM MÉTODO DE SUCESSO

- (1) **CONCEITO DE VENDAS** | p.21
- (2) **PRINCÍPIOS DE VENDAS CONSCIENTES** | p.25
- (3) **DEFINIÇÃO DE VENDAS** | p.29
- (4) **SISTEMA DE VENDA CONSCIENTE** | p.31
- (5) **TIPOS DE VENDAS** | p.37
- (6) **COMUNICAÇÃO EM VENDAS** | p.39
- (7) **ADMINISTRAÇÃO DE VENDAS** | p.45

⑧ CANAIS DE VENDAS | p.53

⑨ ORGANIZAÇÃO DO AMBIENTE EM VENDAS | p.57

⑩ INFLUÊNCIA NEGATIVA NAS ATIVIDADES DE VENDAS | p.61

⑪ POR QUE CONSULTOR? | p.67

⑫ O CONSULTOR CONSCIENTE | p.69

⑬ ATIVIDADES DO CONSULTOR CONSCIENTE | p.71

⑭ ATRIBUTOS DO CONSULTOR CONSCIENTE | p.75

⑮ DEFINIÇÃO DE HÁBITOS | p.83

⑯ HÁBITOS QUE LEVAM AO FRACASSO | p.85

⑰ HÁBITOS QUE LEVAM AO SUCESSO | p.93

⑱ QUANDO O CONSULTOR CRIA OBJEÇÃO | p.99

⑲ COMO VENDER VALOR E NÃO PREÇO? | p.101

⑳ CAUSEI UM PROBLEMA. E AGORA? O QUE FAZER? | p.105

CONHECENDO A SI MESMO PARTE 2

PARTE 3
CONHECENDO SEU MAIOR BEM

- p.109 | QUEM SOU PARA VOCÊ? (21)
- p.111 | A IMPORTÂNCIA DO CLIENTE (22)
- p.113 | QUEM É MEU CLIENTE? (23)
- p.115 | TIPOS DE CLIENTES (24)
- p.119 | ATENDIMENTO CONSCIENTE AO CLIENTE (25)
- p.123 | QUEM DECIDE A COMPRA? QUEM COMPRA OU QUEM PAGA? (26)
- p.125 | A ARTE DE INFLUENCIAR POSITIVAMENTE O CLIENTE (27)
- p.133 | O QUE OS CLIENTES ESPERAM DE UM CONSULTOR DE VENDAS (28)
- p.139 | COMO PROCEDER PERANTE A RECLAMAÇÃO DE UM CLIENTE (29)
- p.145 | POR QUE OS CLIENTES NÃO COMPRAM COMIGO? (30)

○ POSFÁCIO | p.149

○ REFERÊNCIAS | p.151

AGRADECIMENTOS

Quero externar minha eterna gratidão ao Grande Criador da humanidade, pois foi Ele que deu para mim a oportunidade de contemplar suas grandezas criadas neste planeta. Sempre expressarei minha existência perante sua grande majestade.

Agradeço minha amada e querida mamãe Maria Gomes, por ter sempre acreditado em mim, estimulando-me a buscar meus ideais com muita humildade, fé em Deus, a respeitar as pessoas e sempre fundamentar minhas atitudes na justiça, nunca abandonando os menos favorecidos. Vou agradecer também a um homem que sempre foi um exemplo de lealdade, caráter e honestidade, meu querido e amado papai. Mesmo não estando entre nós, suas atitudes e postura foram o que mais marcou minha existência e foi de grande influência em minha vida. O senhor sempre estará em meu coração!

Agradeço à minha querida e amada esposa Thaís por sempre estar do meu lado, acreditando em meus sonhos e incentivando-me a sempre ir adiante. Muito obrigado por tudo, você é a única rainha do meu universo.

A minha linda filha do coração, você chegou e me conquistou. Minha maior felicidade é quando chego em casa, encontro você feliz e pula em meu colo. Sempre vou protegê-la e lutar para fazê-la a filha mais feliz do mundo. Conte sempre comigo.

Quero aqui também agradecer a meus irmãos, sobrinhos e alguns amigos que direta ou indiretamente contribuíram para realização deste projeto.

Agradeço também ao presidente e fundador da empresa Poloar, senhor Sidney Tunda, por ter me dado a oportunidade, em abril de 2003, de fazer parte do corpo de funcionários de sua empresa.

Agradeço a duas pessoas que foram responsáveis pelo meu crescimento na área que amo, a de vendas, os senhores Sidney Tunda Junior, Diretor Comercial, e Marcello Muller, Gerente Comercial, que sempre me orientou e ensinou todas as técnicas de vendas e confiou em meu trabalho.

Obrigado, senhores, pelas orientações e pelas conversas, pois foram elas a base para meu crescimento e desenvolvimento profissional.

Agradeço também a Luiz Cardoso, Diretor Administrativo da Poloar, por sempre receber-me em sua sala e dedicar um tempo em conversas produtivas para o crescimento profissional.

Agradeço a todos os gestores de vendas, consultores e a todos os funcionários da empresa Poloar. Obrigado por terem me dado a oportunidade de trabalharmos juntos.

Meu agradecimento também se estende a você que está lendo este livro. Muitíssimo obrigado!!

PREFÁCIO

Fiquei surpreso e feliz quando soube que João Paulo estava escrevendo um livro e mais surpreso e honrado por ter sido convidado para fazer o prefácio.

Conheci João Paulo há muitos anos quando comprei um terreno e uma pequena construção para reestruturar a Poloar. Muito humilde, educado e simples, ele estava capinando o terreno que eu havia comprado. Conversando com ele, vi que foi muito atencioso e daí nasceu uma grande simpatia e amizade.

Por seus méritos e esforço, ele foi subindo os degraus no quadro de funcionários da empresa, sempre aprendendo, e se tornou um dos melhores vendedores da Poloar.

Eu o coloquei no quadro de funcionários da Poloar e, de porteiro, hoje é gerente de vendas e escritor.

O livro *Você sabe vender?* é importantíssimo para o crescimento pessoal e profissional de qualquer pessoa e, principalmente, para quem está iniciando uma carreira em vendas e deve ser lido com muita atenção e carinho.

Quero deixar registrado, aproveitando esta oportunidade, um ditado:

Para um profissional ser bem-sucedido, precisa ter três qualidades: sorte, peito e jeito.

→ Sorte para ser feliz,
→ Peito para ser aguerrido e determinado,
→ Jeito por fazer tudo com qualidade e perfeição.

Parabéns pelo livro. Estou orgulhoso e agradeço com muita honra por fazer parte da sua história de vida.

Abraços,
Sidney Tunda
Presidente e Fundador do Grupo Poloar

INTRODUÇÃO

Certa vez, participando de uma convenção de vendas, um dos palestrantes convidados disse que, ao completar dezoito anos, ou seja, a maioridade, ele chegou certo dia e disse para seu pai que ia trabalhar com vendas. E seu pai, com um tom sarcástico, disse "filho, você não quis estudar, agora vai ser vendedor".

Essa ideia poderia até funcionar no passado, mas hoje não mais. O profissional de vendas, que tem como objetivo o sucesso, deverá buscar sempre o conhecimento e desenvolvimento para realizar melhor as suas atribuições.

Vivemos em mundo onde tem predominado a tecnologia e a informação. Profissionais de vendas que atuam nesse novo mercado globalizado e de mudanças constantes, devem sempre aprimorar-se e reciclar seus conhecimentos para fazer o diferencial em sua profissão.

Há hoje muitos profissionais de vendas que atendem seus clientes na barraca de *hot dog* ou aquele que vende perfumes de porta em porta ou, ainda, outro que atende o cliente por telefone dentro de uma central de atendimento e o que atende em um estabelecimento comercial.

Agora pergunto, quantos desses profissionais entendem como funciona o processo de vendas? Qual é o papel deles nesse processo? Qual é a importância do cliente? Quantos deles sabem como proceder perante uma reclamação de um cliente furioso?

Neste livro vamos dar ferramentas que serão fundamentais para o sucesso de qualquer profissional de vendas, não importando o local de atuação. O que a pessoa precisa para ser um consultor de sucesso? PhD em Harvard? Saber falar inglês fluente? Se tiver, será de grande valia, mas em primeiro lugar precisa querer, gostar, ter paixão, amar essa profissão que tem o maior índice de desistência global. Para atuar nessa profissão, a tocha da alegria e felicidade tem que estar acesa sempre.

O que pode ocorrer nessa minha jornada em vendas? Medo, vontade de desistir, vontade de voltar para antiga profissão, sentir-se inseguro, dúvidas, questionamento interno. Como lidar com esses anseios?

Antes de iniciar na área de vendas, trabalhava na portaria da empresa Poloar Ar Condicionado. Era o porteiro João. Então meus clientes eram os funcionários e as pessoas que eu recepcionava. Sempre sentia a alegria que brotava dentro do meu ser. Recebia todos com muita gentileza. Depois de três anos trabalhando nessa empresa, meu gerente, Senhor Marcello Muller, chamou-me em sua sala e disse que eu tinha um perfil que se encaixaria de forma única na sua equipe de vendas. Dei um sorriso e perguntei "eu?" Ele disse "Você mesmo!". Rimos juntos e ficou nisso. Sempre que eu passava pelos corredores da empresa, ele dizia "não esqueça, tenho uma vaga para você!". As dúvidas, medos, insegurança pousaram sobre a minha mente como um enxame de abelhas pousa sobre um favo de mel. Durante os dois meses seguintes, o Sr. Muller me emprestou alguns livros de vendas. Comecei a ler. Ele disse "Leia em voz alta para fixar melhor. Depois que ler os livros, você decide se quer uma oportunidade na minha equipe". Passaram-se seis meses, quando, com a autorização do diretor comercial, Sr. Sidney Tunda Junior, iniciei minha nova profissão com treinamentos aos sábados. Nesses dias o movimento na empresa era muito baixo, mas mesmo assim possibilitava ter contato com alguns clientes e paralelamente estava aprendendo os fundamentos de vendas. Com esses treinamentos aos sábados, as dúvidas, medos e insegurança desapareceram, como desaparece a escuridão quando chega a luz. Até contratarem outro funcionário para cuidar da segurança e recepção da empresa, iniciei minhas atividades com consultor aos sábados. Nesse primeiro mês, consegui vender mais do que muitos consultores que trabalhavam durante a semana inteira. Então, recebi a faixa que dava o direito a pertencer à equipe de vendas. Atuando nesse novo ambiente profissional, os medos e as dúvidas às vezes visitavam meus pensamentos. Mesmo em meio a essa guerra mental, nunca desisti. Fui persistente e usei a criatividade para deixar que a paz predominasse em meus pensamentos e a atitude foi a minha espada para espantar os meus medos.

Qualquer funcionário pode falar de um produto ou serviço, nem por isso ele precisa ser um consultor de vendas. Mas o que eu preciso para tornar-me um consultor? Um consultor de vendas precisa ter habilidades diferentes. Neste livro, vamos descrever como fazer para se tornar um profissional de vendas e não apenas um atendente.

Na primeira parte, apresentaremos um método de sucesso que definirá o que é venda de forma objetiva e simples.

Certa vez, em um dos meus treinamentos, perguntei para a equipe de vendas o que eram vendas. Foram várias definições. Uns diziam que era o que respiravam, uma arte, uma ciência, uma missão e uma pequena parte dos participantes ainda dizia que tudo era venda. Analisando de forma geral cada resposta, todas têm um pouco de razão. Mas o processo de vendas vai muito além do achismo. Vendas têm uma definição bem mais clara que será decorrida nas páginas da primeira parte do livro.

Vamos descrever na segunda parte o papel do consultor de vendas, que tem a função de uma ponte que facilita a passagem do cliente para a organização. Essa ponte tem que transmitir segurança e credibilidade, para que essa passagem venha a ser realizada com sucesso. Muitos profissionais confundem atendimento com o processo de vendas. O atendimento faz parte do processo inicial de vendas quando se tem contato com o cliente, é uma ferramenta muitíssimo importante, a porta de entrada para interligação com o cliente.

O que o consultor de vendas faz? Como era o profissional de vendas no passado? E o que devo fazer para me tornar um profissional de vendas do presente e do futuro? O que fazer para que o cliente me escolha para atendê-lo, sabendo que há muitos outros consultores no mercado? O que fazer para ter o cliente ao meu lado? Todas as respostas para essas perguntas você descobrirá ao decorrer dos capítulos da segunda parte.

Onde está o meu cliente? Onde encontrá-lo? Qual importância tem um cliente para o profissional de vendas? Na terceira e última parte vamos descrever sobre o maior bem de um consultor de vendas: o cliente. Um garimpeiro sempre tem o foco na busca de seu maior bem que é o ouro. E, antes de iniciar sua missão, faz um levantamento de ferramentas e concentra seus esforços na exploração de seus sonhos em um certo local, onde existe a possibilidade de encontrar uma grande pepita de ouro que é, para ele, o seu "cliente". Nessa busca, ele precisa ter em mente que se continuar cavando, uma hora encontrará o que procura. Mesmo com dificuldade nas profundezas da terra, com medo, ansiedade e dúvida pairando sobre sua mente, não desiste. O cliente em uma relação comercial tem que ser o foco, atenção, o sonho de todo consultor. O cliente tem uma parcela muito grande no sucesso e fracasso de um profissional de vendas.

PARTE 1

CONHECENDO UM MÉTODO DE SUCESSO

"Os métodos são as verdadeiras riquezas."
Friedrich Nietzsche

1 — CONCEITO DE VENDAS

Venda é a ação que gera o efeito de vender, ou seja, transferir algo a outra pessoa mediante um pagamento. Uma necessidade dá início ao desejo de compra de um bem ou serviço.

Existem muitos profissionais que atuam na área de vendas há muitos anos e confundem o processo de vendas com o atendimento. Venda, como já mencionado anteriormente, é o ato de transferir algo a outra pessoa mediante a troca de outro bem ou valor monetário. Mas como ocorre essa troca? É só retirar o produto do estoque e entregar? A resposta você já sabe: Não! Quando ocorre a necessidade, o cliente entra em contato com a empresa ou representante comercial com objetivo de comprar. Nesse momento, ele pode ser atendido por um funcionário de qualquer departamento, como, por exemplo, uma recepcionista que tenha conhecimento sobre o produto e serviço e pode informá-lo sobre o preço ou até sobre alguns pontos importantes do produto ou serviço que está à procura. Agora, quando é atendido por um consultor de vendas, ele tem que obrigatoriamente saber e informar sobre o produto, serviço e a politica comercial, além de conhecer e dominar muito bem o processo de vendas para ter sucesso em seu objetivo final, o fechamento e satisfação do cliente.

Quero utilizar um exemplo para conceituar esse processo de vendas na prática. Imagine que um cliente, com o nome de Antônio Chagas, precisa comprar um móvel *home* novo para sua sala de estar. Com o aparelho de telefone em mãos, entra em contato com uma empresa especializada em móveis planejados com o nome Estou nem aí e, depois de alguns toques, uma pessoa atende, não se identifica e pede para esperar um minuto. Depois de mais ou menos três minutos, é atendido pelo "consultor de vendas" Francisco Mendes. O senhor Antônio descreve sua necessidade e pergunta o preço do móvel. Francisco faz uns cálculos rápidos e já diz o valor imediatamente, R$ 40.000,00, e ainda diz que pode ser parcelado em 10 vezes no boleto. Quanta eficiência! Ainda pergunta para o cliente "vamos fechar?". Antônio diz para o Francisco que vai fazer mais alguns levantamentos e em breve entrará em contato. O cliente agradece e o profissional coloca-se à disposição. Antônio, no mesmo dia, resolve ligar para outra empresa com o nome Dedicação a você. Ele é atendido pelo consultor de vendas Fernando Meireles que diz para Antônio que a empresa trabalha com vários modelos de *homes* e variações de preço diferentes. Mas Antônio insiste em saber o preço. Fernando disse que é importante enviar um profissional no local para fazer um levantamento técnico das medidas corretas, mas, se ele realmente precisa de uma prévia de preço, precisa disponibilizar o projeto com as informações métricas.

Mas também o convida a vir pessoalmente à loja para conhecer os modelos de *homes* instalados no *show room*. Com a insistência do cliente, ele informa que os preços variam de R$10.000,00 a R$200.000,00. Veja que nesse segundo contato, a preocupação do consultor não foi só de atender o cliente como ocorreu no primeiro. Atender e passar o preço, pode até acontecer em alguns casos que o cliente feche a venda, mas, nesse novo cenário do conhecimento, a exigência do cliente tem aumentado. Quando o cliente entra em contato e pergunta sobre o preço e o consultor informa, sem perguntar onde ele teve conhecimento do produto ou serviço, a possibilidade de fechamento é mínima. Não podemos dizer que venda se resume em apenas uma mensagem, pois, se assim fosse, as empresas utilizariam gravações eletrônicas que reduziriam drasticamente o custo com mão de obra no processo de vendas. O profissional de vendas, quando atende o cliente, está abrindo a porta para iniciar o processo de vendas, onde ele vai apresentar o produto com base na necessidade do cliente, fortalecendo os benefícios e informando sobre outros produtos ou serviços disponíveis, mostrando os benefícios e comparando com o que o cliente está procurando. Negocia com o cliente uma condição de pagamento, prazo de entrega e outras condições que sejam excelentes para o cliente e para empresa, que é um passo para o fechamento com sucesso. Depois é só fazer um acompanhamento no processo para que ocorra tudo bem e a venda se concretize em um grande sucesso. Lembre-se, atender não é vender, atendimento é uma porta que inicia o processo de vendas.

2 — PRINCÍPIOS DE VENDAS CONSCIENTES

Mas o que são princípios? Princípios de um sistema são os fundamentos, alicerces que condicionam toda uma construção subsequente, ou seja, são com se fossem a base de um edifício, pois são as bases que fundamentam e dão credibilidade a um edifício. Ao iniciar a construção de um prédio, sempre se começa pela base e não pelo teto, pois ela é a sustentação para toda a construção. Com o mesmo raciocínio para o processo de vendas, os princípios são as bases responsáveis por manter o processo de vendas sólido, coeso. Vendas, sem os princípios que citaremos em breve, podem se transformar em traumas, frustrações e insatisfação. O professor Stephen R. Covey, em seu livro *Os 7 hábitos das pessoas altamente eficazes*, fortalece a ideia e diz "Quando valorizamos os princípios corretos, temos a verdade, o conhecimento das coisas como elas são". Vamos definir nas próximas páginas os alicerces, a base que fundamenta o processo de vendas, ou seja, os princípios. Sem eles, vendas só existirão na teoria.

1) **Princípio da confiança:** ninguém compra de quem não confia. A confiança faz parte da base de qualquer relacionamento comercial de sucesso. Lembro-me, certa vez, durante a noite fiz um pedido *online* de uma cama, ou seja, comprei por meio do comércio eletrônico, pois gostei muito do produto e preço. Apesar de não ser o menor, a estrutura do site passou para mim uma grande confiança. No dia seguinte liguei para confirmar meus dados. A atendente passou para mim uma insegurança tão grande que cancelei o pedido e fiquei pensando nessa atitude de insegurança por vários dias. A confiança é um princípio que nasce e fortalece na medida que as palavras são ditas verdadeiras, mesmo que seja aquilo que não venha a agradar-me no momento. O profissional de vendas, quando iniciar uma pesquisa para levantar uma lista de possíveis clientes e fizer isso com grande confiança, quando entrar em contato com clientes terá mais chance de sucesso.

2) **Princípio da transparência:** o princípio da transparência é fundamental no processo de vendas. Os profissionais de vendas deverão ter todas as suas atitudes com base neste princípio. O consultor não pode iniciar um processo de vendas deixando o cliente com dúvidas. Quando apresentar a ideia, produto ou serviço, deverá deixá-lo bem claro, informando-o o que está incluso e o que não faz parte do pedido, bem como as condições comerciais. O cliente somente vai investir seu dinheiro, ou seja, comprar de alguém que tem suas atitudes fundamentadas na transparência. Uma atitude transparente evita que o cliente cancele uma compra já efetuada, por falta de clareza na informação passada. Por isso, a importância do princípio da transparência. O consultor de vendas deverá deixar, desde o primeiro contato com o cliente, que nessa relação a transparência tem prioridade.

3) **Princípio da exclusividade:** há exclusividade quando existe uma ligação direta com o cliente e não existem emendas nem barreiras nessa conexão. Quando o profissional de vendas exerce esse princípio, demonstra ao cliente que ele é único e importantíssimo em todas as fases do processo de vendas, mas é na abordagem que ele inicia utilizando esse princípio, que é um caminho para que a venda venha ser um sucesso. O consultor, quando atende um cliente pessoalmente, por telefone ou por qualquer outro meio de comunicação disponível, o faz com a mente que ele é exclusivo. É como se o cliente fosse único no planeta, como se um mineiro encontrasse uma grande pepita de ouro. A exclusividade é o trono que eleva o cliente a um ser único.

4) **Princípio da flexibilidade:** a flexibilidade deve ser adotada em todas as áreas da vida de um ser humano,

tendo a consciência que os seres humanos são dotados de pontos de vistas diferentes. O consultor de vendas deverá estar ciente que, para ter uma maior chance de sucesso em um relacionamento comercial, tem que ceder em alguns pontos e, em contrapartida, ter outros cedidos pelo cliente. A flexibilidade é uma corda bamba que deverá se mover de acordo com quem está dos dois lados. Em um processo de vendas não é diferente. Em alguns momentos, o cliente deverá ceder e, em outros, o consultor deverá abrir mão de algo em benefício do cliente. É claro, sem prejudicar a lucratividade da venda. Essa flexibilidade deverá ser consciente.

5) **Princípio ganha-ganha:** muito utilizado na negociação, o princípio ganha-ganha fundamenta-se na importância da cooperação mútua, na vitória para ambas as partes. O consultor, quando utiliza esse princípio, estará construindo relacionamentos duradouros e fortalecendo futuras parcerias. Esse princípio não tem seu fundamento no "bonzinho" e sim no que é justo. E vai somar para todos os envolvidos no processo de vendas. O ganha-ganha deverá ser bom para todos. De forma coerente, tem que ser justo para a empresa e para o cliente.

6) **Princípio da excelência:** nos dias atuais, o ambiente comercial moderno tem exigido cada vez mais do profissional de vendas, que, para deixar o cliente satisfeito, deve iniciar e concluir um processo de vendas com excelência. Sabemos que vivemos em centros urbanos complicados onde podem ocorrer vários imprevistos, mas cada profissional deverá ser organizado para lidar com todas as diversidades. A excelência se concretiza na prática quando os clientes ficam satisfeitos.

3 — DEFINIÇÃO DE VENDAS

Quanto à estrutura, existem vários autores que definem vendas de várias maneiras, como arte, ofício, ciência e até como doutrina. O escritor Sérgio Nardi descreve em seu livro *Atendimento de sucesso* e define vendas como sendo arte.

> Vender é uma arte, o vendedor de sucesso é o artista que utiliza todos os recursos para efetuar uma venda.
>
> Ninguém vai a uma loja de um vendedor-robô, uma pessoa correta, mas mecânica; instruída, mas sem vivacidade; atenciosa, mas macambúzia (...). O consumidor na loja quer atenção e exige dedicação. É preciso, pois, demonstrá-las (...) enfim, use todos os recursos que um artista usaria para construir uma obra-prima (p148).

Respeito todas as posições referentes a vendas, que é ofício, arte, ciência. Vivemos em um mundo de ideias e estamos em uma época onde as opiniões de todas as pessoas devem ser respeitadas, mas não podemos deixar de externar as nossas próprias opiniões, pois com elas podemos ajudar na transformação de um mundo melhor.

Inspirado em alguns estudos e pesquisas, cheguei à conclusão que venda é um **sistema**, pois é um conjunto de processos intercalados, de modo a formar um todo organizado.

Defino vendas como um sistema, pois é um processo que se inicia por meio de pesquisas quando o profissional vai à busca de seus clientes. Sem essas pesquisas, o consultor vai perder tempo, oferecendo seu produto ou serviço para um público que não é consumidor.

Nesse processo todo organizado, temos outras fases que são a apresentação, negociação, fechamento, acompanhamento e fidelização.

4 — SISTEMA DE VENDA CONSCIENTE

Quando falamos em venda consciente, obrigatoriamente devem ser utilizadas todas as fases do processo de vendas, desde o primeiro processo, as pesquisas, ao sexto, que é a fidelização. E tem como centro o cliente, evidenciando-o como uma estrela. O consultor de vendas, ao iniciar o processo, deverá passar por todos os processos, mas deverá ter o cliente no centro das atenções, ou seja, o cliente é o mais importante desse processo.

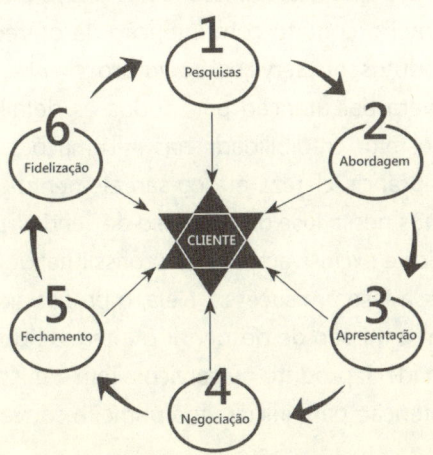

Você sabe vender?

1) **Pesquisa:** a pesquisa é uma fase do processo de vendas onde ocorre a investigação, ou seja, ocorre a busca pela informação sobre o possível futuro cliente. Para que serve a pesquisa? No âmbito comercial, a pesquisa serve para identificar clientes em potencial que necessitam do produto ou serviço. Na pesquisa, o consultor, de maneira consciente, busca estudar e conhecer o perfil de seu futuro cliente, assim como onde está situado e qual é seu poder de consumo. Deve levantar a maior quantidade de informações possíveis. Essa fase é o ponto de partida para identificar o futuro cliente. Nessa fase, não importa a forma que utiliza como método de pesquisa. Pode ser um atendimento pessoal, por telefone ou por qualquer outro meio de comunicação. A pesquisa é fundamental para o sucesso de qualquer profissional de vendas. Nessa busca por clientes, o consultor de vendas tem que ter foco, direcionar sua pesquisa em um público que terá condições de consumir seus produtos e serviços.

2) **Abordagem:** estudos mostram que a primeira impressão é a que fica. Por isso, é nessa fase onde se inicia o primeiro contato com intenção de oferecer as ideias, produtos ou serviços ao futuro cliente. O consultor deverá dar atenção para todos os detalhes, além de transmitir credibilidade nas informações. Entusiasmo, segurança, clareza e foco são elementos importantíssimos nessa fase do processo de vendas, por isso cabe única e exclusivamente ao profissional de vendas fazer dessa fase um sucesso. Nela, o profissional de vendas tem a missão de despertar o interesse do cliente para sua ideia, produto ou serviços. Tem a missão de captar a atenção para iniciar uma primeira conversa.

3) **Apresentação:** a apresentação é uma fase do processo de vendas onde o conhecimento deverá florescer, pois o profissional de vendas terá a missão de transformar na prática o desejo em necessidade. E o que é apresentar? De acordo com o dicionário Aurélio, apresentar é *mostrar, oferecer, propor, exibir, indicar e identificar*. O consultor de vendas deverá apresentar para o cliente todos os benefícios que o produto ou serviços têm para oferecer, informar também a procedência e mostrar para o cliente o que ele ganha em comprar com você. Envolva-o nesse processo. O processo de apresentação é muito importante e crucial para que o fechamento venha a ser um sucesso. Uma apresentação bem feita fortalece o interesse do futuro cliente no produto ou serviço.

4) **Negociação:** no passado, esse processo de vendas poderia ser interpretado com uma luta de boxe onde o profissional de vendas e o cliente entram em um ringue para um grande combate para ver quem leva a melhor. No processo moderno, existe um equilíbrio para ambas as partes. O consultor que é consciente, além de ouvir o cliente, busca identificar o que melhor se enquadra na sua necessidade, trabalha as objeções e conclui a negociação com uma situação que seja boa para todos. Nessa fase, o consultor deverá sempre se enquadrar ao melhor, de acordo com a necessidade do cliente.

5) **Fechamento:** poucos são os profissionais de vendas que têm sucesso nessa fase do processo de vendas. Em muitos casos, não chegam a atingir essa fase, gerando um grande frustração e perda em seus negócios. Para que o fechamento venha a ser realizado com sucesso,

o segredo está em uma apresentação diferenciada que deverá ser feita de maneira clara e consciente. O fechamento é crucial para o processo de vendas, pois sem ele não existe a venda.

6) **Fidelização:** falar em fidelidade comercial nesse novo cenário onde a concorrência tem a cada dia aumentado e o cliente busca sempre o melhor preço com qualidade é praticamente uma utopia. Para comprar um aparelho de TV existem mais de seis lojas conceituadas que fornecem o mesmo aparelho. Por que devo comprar em uma determinada empresa?

E o que é fidelização? A fidelização é um ato fundamentado em atitudes positivas com objetivo de tornar clientes em pessoas fiéis ao nosso produto, marca ou serviço. Ao comprar bolos todos os dias na mesma padaria, significa para o comerciante que aquele indivíduo é um cliente importante e fiel ao seu produto ou serviço. Então, o que fazer para fidelizar o meu cliente? Para ocorrer a fidelização, o consultor tem que acompanhar o processo de compra para que tudo ocorra bem. Um cliente que compra uma geladeira e até o processo de fechamento tudo ocorreu bem, mas no momento da entrega o entregador riscou a porta e o consultor não ficou sabendo o que ocorreu, vai ligar para o SAC para reclamar. Quando o profissional de vendas entrar em contato para oferecer um novo produto, ficará surpreso ao saber pelo cliente o ocorrido. Por isso, a fidelização é o cuidado que o consultor deve ter com o cliente, ou seja, preocupar-se e fazer o bem ao próximo, que é o nosso cliente.

A **fidelização** é, algumas vezes, confundida com a satisfação do cliente. A fidelização é um relacionamento de longo prazo fundamentado em atitudes positivas, diferentemente da satisfação que pode ser conseguida em uma única venda, o que não impede que o cliente procure um concorrente. Para que aconteça a fidelização, portanto, é preciso conhecer e estar sempre em contato com o cliente, identificando suas necessidades e desejos, utilizando essas informações para fortalecer o seu relacionamento, estabelecendo uma conexão de confiança e segurança, criando facilidades para o cliente e barreiras para os concorrentes, pois estes teriam que iniciar um relacionamento do zero.

A satisfação do cliente é um acessório, mas a fidelização é o principal.

5 — TIPOS DE VENDAS

Antes de falarmos sobre os tipos de vendas, vamos reforçar o que vendas representam na atualidade. Vivemos em uma era onde todas as coisas, ou seja, todas as necessidades humanas estão relacionadas a vendas. E quais são as necessidades humanas? Todo ser humano independente do sexo tem necessidades básicas. Abraham Maslow, um psicólogo americano e estudioso relacionado às necessidades humanas, disse que todo ser humano é motivado segundo suas necessidades que se manifestam em graus de importância, onde as fisiológicas são as necessidades iniciais e dentre elas podemos destacar três: a fome, a sede, o abrigo. Essas três necessidades estão relacionadas às vendas. Para saciar a fome, a sede e ter abrigo é necessário alimento, água e uma casa que tenha um valor.

Na atualidade, vendas só existem por causa da necessidade humana. E para satisfazer essas necessidades, existem dois tipos e meios de vendas que descreveremos a seguir:

1) **Vendas diretas (pessoal):** é uma forma de comercialização de produtos e serviços, com base no contato pessoal entre consultores e clientes, dentro ou fora de um estabelecimento comercial.

2) **Vendas indiretas (telefone/e-commerce):** é uma forma de comercialização de produtos e serviços com base no contato indireto com os compradores. O contato entre consultor e clientes se realiza por meio da compra por telefone ou de qualquer outro meio eletrônico.

MEIOS DE VENDAS

1) **Atacado:** as vendas realizadas por meio do atacado, em regra, ocorrem diretamente das fábricas e distribuidores e em grandes quantidades. Geralmente alguns fabricantes e distribuidores adotam uma política comercial de comercializar seus produtos somente para pessoa jurídica.

2) **Varejo:** as vendas realizadas por meio do varejo são em quantidades menores, onde a compra é fracionada e direcionada ao consumidor final, pessoa física ou jurídica. Segundo o professor Philip Kotler, "todas as atividades de venda de bens ou serviços diretamente aos consumidores finais são definidas como varejo. O local onde os produtos ou serviços são vendidos ou realizados pode ser em lojas, rua ou residência do consumidor". Venda no varejo é em regra realizada pelos comerciantes, atendendo o consumidor que quer comprar em pequena quantidade.

6 — COMUNICAÇÃO EM VENDAS

Comunicação é uma palavra derivada do termo latino que significa "partilhar, participar algo, tornar comum".
Desde os primórdios, a comunicação foi de importância vital, sendo uma chave que abre as portas da integração e de troca mútua e desenvolvimento.

É por intermédio da comunicação que os seres humanos compartilham informações diferentes entre si, tornando a atitude de comunicar uma atividade fundamental para a vida em sociedade.

O processo de comunicação se inicia na transmissão de informação entre duas pessoas, um emissor e um receptor que descodifica (interpreta) uma determinada mensagem.

Em uma comunicação entre o consultor de vendas e o cliente, ambos fazem o papel do emissor e receptor, pois ocorre uma interação rápida e contínua.

O cliente entra em contato com o consultor de venda à procura de um produto ou serviço e entre eles se cria uma sinergia entrelaçada de informações que, após a interpretação, ambos descobrem o significado, um é vender e outro, comprar. Podemos dizer que a comunicação é uma rodovia de duas vias. Se o agente que recebe a mensagem não entender o que foi dito, não podemos falar que existe comunicação.

Para a atividade comercial, a comunicação é fundamental assim como ao desenvolvimento e crescimento de todos os profissionais. E uma comunicação assertiva evita duplicidade de pedidos, faturamentos e entregas erradas ou cancelamento de um pedido já realizado.

A comunicação pode ocorrer pelo menos de três formas: escrita, quando o consultor de vendas utiliza qualquer meio escrito, orçamento, ficha de cadastro, pedidos, e-mails, cartas, telegrama; falada, quando o profissional utiliza as cordas vocais e emite a comunicação. Pode ser utilizado pessoalmente ou por meio de qualquer aparelho que reproduza o som, como o telefone; gestual, quando a comunicação é emitida por meio de gestos.

E a comunicação pode ser interna e externa. A interna é utilizada dentro do ambiente comercial e dentro da empresa. A externa é com clientes, fornecedores, parceiros e muitos outros.

O emissor é aquele que emite a informação. Ele tem um papel fundamental para que essa comunicação tenha eficiência e venha atingir o fim desejado, pois para o receptor receber a mensagem, há que chegar de maneira que ele entenda para interpretar o que é dito. Se não entender, podemos dizer que ocorreu uma falha de comunicação.

Pontos importantes na comunicação que devem ser analisados pelo emissor antes de emitir a mensagem.

Conhecer o seu receptor: o conhecimento do receptor facilitará a emissão da mensagem. É bom saber se ele prefere que a mensagem chegue rápido, devagar, com detalhes e outras peculiaridades.

Analisar a mensagem que será emitida: a mensagem tem que ser analisada pelo emissor antes de ser emitida ao receptor.

A maneira que a mensagem será emitida: poderá ser escrita, falada ou com gestos. Independentemente de cada situação, o principal objetivo é que o receptor entenda.

Estudar as palavras que convencerão o receptor: a mensagem precisa ter como base a ideia do receptor. Um exemplo é quando o cliente está em busca de um produto e o consultor, ao emitir a mensagem, deverá fazê-la fundamentada na necessidade do cliente.

Erros na comunicação por parte do emissor:

1) Falta de clareza e coerência
Solução: transmitir a mensagem de forma clara e coerente;

2) Utilizar frases longas sem fundamento
Solução: utilize frases curtas e objetivas;

3) Utilização de gerúndio, gírias ou regionalismos que são de desconhecimento do receptor
Solução: utilizar a linguagem formal e correta;

4) Excesso de termos técnicos
Solução: quando utilizar termos técnicos, descrever o significado;

5) Pressa e timidez
Solução: fale de maneira calma e pausada, a timidez desaparecerá;

6) Falta domínio sobre o assunto
Solução: pesquisar, buscar informações sobre o tema.

Erros na comunicação por parte do receptor:

1) Nível de conhecimento insuficiente
Solução: pesquisar sobre o assunto depois de ouvir;

2) Distração
Solução: ter mais foco na mensagem;

3) Falta de disposição para entender
Solução: criar situação de disponibilidade;

4) Desatenção;
Solução: prestar mais atenção ao que é dito.

5) Desinteresse
Solução: aumentar o interesse pelo assunto;

6) Problema auditivo
Solução: buscar orientação médica.

Pontos fundamentais para o sucesso na comunicação

1) Tenha credibilidade e segurança ao falar. Tenha confiança em si mesmo;

2) Fale bem, pausadamente e com boa dicção. Administre o tom da fala, adeque o volume das palavras ao ambiente e ao(s) receptor(es);

3) Seja objetivo, desenvolva as ideias com clareza e use exemplos para fortalecer suas ideias e argumentos;

4) Faça gestos adequados, compreensíveis e tome cuidado com as mãos, evitando uma excessiva gesticulação;

5) Procure adequar a expressão facial ao seu conteúdo da comunicação, tenha uma postura elegante e confiante;

6) Adeque o vocabulário e a linguagem ao tipo de pessoa com quem estiver falando. Utilize a mesma "língua" do receptor;

7) Chame o receptor pelo nome. Use técnicas de memorização para se lembrar do nome e informações importantes do seu cliente. Nada há de mais precioso para o cliente do que ser chamado pelo nome. Mostra-se, com isso, interesse e consideração.

Lembre-se que o emissor precisa tomar muito cuidado ao enviar a mensagem para o receptor e ao fazê-lo deverá emitir de maneira clara e transparente, pois o entendimento do receptor baseia-se na mensagem transmitida. Informação sem entendimento cai no esquecimento.

Você sabe vender?

7 — ADMINISTRAÇÃO DE VENDAS

O termo "administração" significa direção, controle, ou seja, é o ato de administrar, controlar e gerenciar negócios ou recursos com o objetivo de atingir metas definidas e alcançar resultados. Em vendas, a administração dos processos comerciais é fundamental para o crescimento com resultados e sucesso do consultor em suas atividades diárias. E vai ajudá-lo a atingir suas metas de forma consciente.

Antigamente o profissional que atuava em vendas tinha uma tarefa que era vender, vender e vender. Nos dias atuais, esse conceito tem mudado o profissional de vendas do presente e futuro. Além do foco em vender, precisa administrar os processos de vendas, tendo assim um controle e organização em suas atividades. Dentre as atividades diárias que o consultor deverá administrar, temos a pesquisa de futuros clientes, orçamentos, pedidos, entregas, serviços, garantia, devoluções, trocas e planilha de atuais clientes.

1) **Planilha de futuros clientes:** é por meio de pesquisas que o consultor de vendas constrói sua planilha de futuros clientes, também conhecida como banco de dados. Ao anotar nessa planilha os dados dos clientes, como nome, telefones, e-mails, data do último contato e muitos outros dados, o profissional de vendas terá possibilidade de regularmente entrar em contato com esses possíveis clientes. Com essa atitude, o profissional de vendas abrirá possibilidades para um relacionamento comercial duradouro. Uma maneira de administrar os futuros clientes é ter todos os dados organizados e armazenados em único local.

2) **Orçamentos:** o orçamento de vendas é um documento formal que contém informações que antecede a um pedido de vendas. É um levantamento de preço formalizado que vai gerar uma estimativa de vendas no futuro. É por meio do orçamento que se faz uma projeção diária, semanal e mensal de vendas.

O principal objetivo do orçamento de vendas é atender com qualidade a necessidade dos clientes, oferecendo o preço certo, a quantidade certa, o produto certo, dados do fornecedor, dados do cliente, condições e formas de pagamento.

O profissional de vendas, antes de enviar para o cliente, deverá verificar a estética do orçamento. Tudo tem que estar alinhado, além de corrigir os erros de escrita e digitação e colocar as informações de maneira clara e resumida.

Para que todos os orçamentos venham se resumir no fechamento, é fundamental que o controle e acompanhamento ocorram diariamente. O consultor de vendas tem que, ao concluir o orçamento e ao enviar para o cliente, entrar em contato, em seguida, e confirmar o recebimento. É crucial que o acompanhamento venha a ocorrer diariamente. O consultor de vendas deverá ainda fazer uma divisão nos orçamentos, os que ainda estão em aberto deixar em uma pasta física para acompanhamento e os que foram fechados deixar em outra pasta para ser arquivada e reciclada no futuro. Se preferir, arquivar em pastas eletrônicas.

3) **Pedidos:** são a confirmação formal do cliente na compra de um produto ou serviço. O controle e acompanhamento dos pedidos de vendas devem ser rigorosos, pois, caso contrário, o pedido pode não ser faturado, desperdiçando tempo e esforços empreendidos por toda equipe envolvida. O profissional de vendas tem a responsabilidade de acompanhar diariamente seus pedidos, enviando para o departamento de crédito os documentos necessários para liberar o faturamento. É necessário o acompanhamento diário do pedido de venda pendente que, por algum motivo, ainda não tenham sido faturados, ou seja, os produtos não foram entregues ou os serviços não foram prestados. Nesse caso o cliente deverá saber o status, se está pendente, aprovado, liberado ou reprovado. Se for reprovado, informar o motivo da não aprovação.

É necessário analisar o motivo da pendência e buscar uma solução. Um pedido pode estar pendente devido a uma série de fatores como:

→ Falta de produto em estoque;
→ Limite de crédito excedido;
→ Desconto excedido;
→ Falta de crédito ou restrições;
→ Cadastro com a informação errada;
→ Condições de pagamento diferentes da política da empresa;

→ Falta de informações sobre a venda;
→ Autorização para entrega/expedição.

Por fim, é imprescindível que o profissional de vendas no momento da análise encontre a melhor solução para cada pendência, apontando as ações necessárias para que o pedido seja liberado e a venda seja realmente concretizada.

4) **Notas Fiscais:** a nota fiscal é um raio x do pedido com valor fiscal. Sua emissão é obrigatória após qualquer transação de venda de produto ou serviços. O documento fiscal serve também para recolhimento de impostos. O consultor de vendas deverá ter um controle dos números das notas fiscais para acompanhar as entregas dos produtos junto ao departamento de logística ou a empresa de transportes.

5) **Entregas:** um trabalho logístico eficiente é muito importante para o sucesso na área comercial de qualquer empresa. O deficiente gera *stress* na equipe de vendas. O departamento de logística ou expedição tem a responsabilidade de agendar a entrega com o cliente. Após a emissão da nota fiscal, o profissional de vendas precisa ter anotado o número para acompanhamento das entregas.

É fundamental, para que tudo ocorra bem, o consultor de vendas ter um controle das entregas para fazer o acompanhamento de perto. Ele deve perguntar para o cliente como foi a entrega, se o profissional estava uniformizado, identificado, se foi educado e se algum profissional agendou antes de realizar a entrega, pois são essas informações que fazem a empresa melhorar sua logística.

6) **Serviços:** quando o cliente adquire um serviço, ele faz aquisição de algo intangível, ou seja, não visível aos olhos. E o valor do serviço só se concretiza na conclusão. O serviço é sempre realizado no estabelecimento do cliente, por isso é importante, ao contratar um serviço, o consultor de vendas disponibilizar profissionais para prestação de serviços com as seguintes características:

→ Bom caráter;
→ Respeitador com as pessoas do ambiente;
→ Cuidadoso com os pertences do cliente;
→ Educado e gentil.

Todo prestador de serviço tem a obrigação de ser um profissional capacitado, treinado com habilidades suficientes para conclusão do serviço com sucesso:

→ Ter conhecimento e domínio sobre o serviço;
→ Manter e deixar o ambiente sempre limpo;
→ Não fumar e não utilizar qualquer bem sem prévia autorização;
→ Não pegar ou se apossar de bens do cliente;
→ Fazer um levantamento consciente do local da prestação de serviço;
→ Verificar se o produto está em condição para instalação;
→ Após a instalação de um produto, orientar o usuário sobre o funcionamento.

Após a conclusão do serviço, avaliação de um supervisor, análise sobre a qualidade da mão de obra prestada, e sendo aprovada e o cliente ficar satisfeito, podemos dizer que o serviço foi concluído com sucesso total.

7) **Garantia:** é uma segurança que dá direito ao cliente reclamar de defeitos constatados em produtos adquiridos ou na contratação e realização de serviços. O direito de reclamar independe do certificado de garantia, bastando a apresentação de um documento que comprove a compra. O profissional de vendas precisa ter acesso a relatórios de garantia do cliente. Quando estiver próximo de vencer, comunicar o cliente sobre o término.

8) **Trocas:** a troca de um produto é facultativa para a empresa que forneceu o produto, ou seja, não é obrigada a realizar a troca. Mas com objetivo de fortalecer o relacionamento com os clientes, a maioria dos comerciantes autoriza a troca do produto. O consultor deverá administrar esse processo de troca, acompanhando-o para demonstrar para o cliente que ele é importante em todos os processos, demonstrando preocupação com o bem-estar e satisfação do cliente.

9) **Devoluções:** o cliente pode simplesmente devolver um produto que comprou? Depende. O cliente pode exercer, com base no Código de Defesa do Consumidor, o direito de arrependimento e devolver um produto em até sete dias e receber seu dinheiro quando a compra não ocorrer em lojas físicas. "O consumidor pode desistir do contrato, no prazo de sete dias [...] sempre que a contratação de fornecimento de produtos e serviços ocorrer fora do estabelecimento comercial, especialmente por telefone ou a domicílio" (CDC artigo 49).

Se o consumidor exercitar o direito de arrependimento previsto neste artigo, os valores eventualmente pagos, a qualquer título, durante o prazo de reflexão, serão devolvidos, de imediato, monetariamente atualizados.

É importante deixar claro que direito de arrependimento, previsto no artigo 49 do Código de Defesa do Consumidor, só é válido às compras feitas fora do estabelecimento comercial, como por Internet, por catálogo ou por telefone.

10) **Clientes:** em que lugar colocamos o nosso maior bem? Quando temos algo de grande valor, onde deixamos? O cliente é muito importante para o consultor de vendas. Na verdade, é fundamental para existência de sua função. Sem o cliente, não existiria o consultor de vendas. Por isso a importância de sempre manter um contato constante com os clientes, colocando-se sempre à disposição. O consultor deverá ter sempre por perto uma planilha com todos os dados do cliente, como nome, telefone, e-mail, último contato e data de aniversário para fortalecer o relacionamento.

O controle e administração do processo de vendas são cruciais para o consultor atingir as metas propostas pelo gestor de vendas e ser um profissional diferenciado.

8 CANAIS DE VENDAS

No atual contexto econômico e empresarial, o acesso aos produtos e serviços tem crescido muito. E para suprir essa demanda, novas estratégias de implantação e definição de canais de vendas têm sido criadas. Os principais canais de vendas à disposição são:

1) **Fabricantes:** pessoa física ou jurídica que desenvolve e fabrica objetos ou produtos. A fabricação de um produto ou objeto ocorre em um estabelecimento industrial. Por meio da mão de obra especializada e maquinários adequados, ocorre a produção do produto. Na maioria das indústrias, que fabricam produtos de médio ou grande porte, existem setores diversos que fabricam as peças que são destinadas para linha de produção, onde ocorre a junção de todas as peças,

transformando assim o produto único que, após testes de funcionamento, fica disponível para ser comercializado.

Existem alguns fabricantes que desenvolvem produtos de pequeno, médio e grande porte que se destinam direto ao consumidor final. Nesse caso, cabe ao próprio fabricante coordenar todo processo de vendas, sem intermediários. Outros destinam seus produtos exclusivamente aos distribuidores e representantes comerciais.

2) **Distribuidores:** intermediários que adquirem produtos dos fabricantes em grande quantidade e vendem em grandes e pequenas quantidades para o cliente final ou pequenos intermediários. Geralmente têm alto nível de cobertura de mercado, garantindo disponibilidade de produtos em estoque e, na maior parte das vezes, assumem riscos de crédito junto aos clientes.

3) **Revendas:** são formadas por profissionais de vendas que trabalham de forma independente, sem vínculo de exclusividade com qualquer distribuidor. Geralmente têm um bom relacionamento com o cliente final. Indicam seus clientes para comprar com grandes distribuidores e ganham uma premiação financeira por essa indicação. Em muitas situações, eles indicam para comprar o produto e realizam o serviço.

4) **Representantes comerciais:** representantes comerciais são geralmente profissionais de vendas ou empresas que vendem produtos em nome de um fabricante ou distribuidor, mas que não detêm a "posse" desse produto, ou seja, não têm estoque ou armazém.

5) **Franquias:** são empresas independentes que utilizam a marca e padrões de operação licenciados pelo franqueador e que são regidas por lei e contratos específicos. Padrões, tecnologia e processos operacionais rigorosos são fundamentais para o sucesso.

6) **E-commerce:** o *e-commerce*, que em português significa comércio eletrônico, é uma modalidade de comércio que realiza vendas e transações financeiras por meio de dispositivos e plataformas eletrônicas, como computadores e celulares. Um exemplo deste tipo de comércio é comprar ou vender produtos em lojas virtuais, que têm tido cada vez mais destaque e força junto aos negócios. Esse canal de vendas atualmente é um dos mais importantes fenômenos da Internet em crescimento. O *e-commerce* permite que os consumidores realizem suas transações de bens e serviços eletronicamente sem barreiras de tempo ou distância.

7) **Telemarketing:** por meio de uma equipe de profissionais de vendas e do atendimento telefônico, oferecem produtos ou serviços para os clientes.

As empresas têm que utilizar os canais que melhor se adaptam ao seu ramo de atividade, pois o mercado está sempre se renovando para agregar valores aos negócios com objetivo de atingir e satisfazer as necessidades dos clientes.

9 — ORGANIZAÇÃO DO AMBIENTE EM VENDAS

Para que a administração de processos venha a ser eficiente é fundamental a existência de uma organização no ambiente de vendas. Para que um profissional venha a ter sucesso e maior credibilidade e foco em suas atividades diárias, é necessário que tenha uma melhor organização em seu ambiente como um todo e, por consequência, ocorrerá uma maior qualidade de vida no dia a dia. Além da organização profissional, o consultor de vendas deverá ficar atento à organização pessoal.

A organização do consultor de vendas começa no seu local de trabalho, ele deve ser limpo e organizado. Essas atitudes facilitam e garantem a sua maior produtividade. Além disso, o local de trabalho reflete muito em sua personalidade. Sua mesa organizada não irá garantir seu sucesso profissional, mas contará positivamente para o desenvolvimento de sua carreira.

Em um cenário onde a tecnologia e informação prevalecem, muitos documentos e arquivos são eletrônicos. Não se pode deixar de lado também as ferramentas que utilizamos, como, por exemplo, os e-mails, arquivos, pastas e agendas. Essas ferramentas garantem praticidade e segurança de ter todos os dados importantes no momento em que for preciso encontrá-los.

Seguem algumas dicas para organizar o seu ambiente de trabalho.

1) Higienização e limpeza: realizar essa atividade todos os dias. Tenha materiais básicos de higienização como flanela e álcool em gel.

2) Arquive e elimine: a cada dez dias elimine tudo o que não serve e arquive o que já foi resolvido. Evite acumular papéis.

3) Utilize as gavetas ou armários: colocar sobre as gavetas ou armários o material de papelaria, tais como lápis, caneta, borracha e grampeador.

4) Organização: determine o local de cada coisa, como cadernos, apostilas e papéis. Cada pessoa tem uma maneira de organização. Para essa organização, utilize separadores de arquivos, caixas plásticas ou de papel reciclável e muitos outros disponíveis no mercado.

5) Separe uma gaveta para guardar as pastas com os documentos importantes.

6) Deixe à disposição apenas o que usa. Tenha somente objetos essenciais para as atividades diárias.

7) Tela de descanso ou papel de parede no computador. Você está no seu trabalho, por isso utilize as imagens bonitas e não vulgares. De preferência utilize as neutras, como imagens de florestas ou campos.

8) Atividades: anotar suas atividades diárias e resolver de acordo com o grau de importância e urgência.

9) Evite comer ou beber no seu ambiente de trabalho. Se beber ou comer, não jogue restos de comida no lixo, pois podem ajudar na proliferação de insetos.

10) Antes de sair, olhe para seu ambiente de trabalho e faça uma rápida organização. Quando chegar no dia seguinte, tudo estará no lugar. Desligue todos os aparelhos eletrônicos, as lâmpadas e o condicionador de ar.

10 INFLUÊNCIA NEGATIVA NAS ATIVIDADES DE VENDAS

Ao estudar e identificar os fatores que influenciam negativamente o desempenho de uma equipe de vendas, tanto por telefone, presencial ou *e-commerce* e estudar suas origens, descobrirmos que existem vários fatores que podem ser negativos nas atividades de vendas. Ao estudar e analisar os fatores negativos, tem-se o objetivo de compreender seus impactos nos resultados e propor mudanças que possam levar os profissionais e gestores a tomar decisões corretas com relação à força de vendas e a incluírem em seu planejamento estratégico as ações que diminuam os pontos negativos e utilizem os positivos a seu favor para melhoria do desempenho da equipe de vendas e, consequentemente, dos bons resultados em vendas.

1. **Um plano de marketing mal planejado:** um plano de marketing mal planejado pode tornar-se um fator negativo quando o objetivo é atingir um público-alvo que se pretende alcançar. Ao definir um plano de forma errônea, pode-se acarretar que objetivo desejado não venha ser eficiente, ou seja, atingir um público diferente ao desejado. Um plano mal planejado pode, além do desperdício de tempo e dinheiro, influenciar negativamente as vendas de uma equipe.

2. **Ameaças como mudanças na economia:** o aumento de volume de vendas em regra está diretamente ligado ao aquecimento da economia, ou seja, com o cenário econômico global em crescimento, o comércio agirá de maneira positiva. Quando ocorre um momento de incertezas, mudanças e fortes ameaças no mercado mundial, isso afeta direta ou indiretamente o comércio e as vendas em geral tendem a cair.

3. **Baixas remunerações e bonificações:** dizem que o dinheiro é a raiz de todos os males. Por que então recebemos o dinheiro? As pessoas são dotadas de necessidades que são trocadas por dinheiro, por isso o dinheiro é importante para o ser humano. Quando um profissional de vendas busca suas remunerações e bonificações, seu objetivo é suprir suas necessidades e de sua família. Vendas são o coração de uma empresa, é necessária muita energia para que a pulsação venha ser constante e permanente. Nessa mesma linha de raciocínio são as remunerações e bonificações para os consultores de vendas. Sem o estímulo financeiro, a consequência será a perda para a concorrência. E hoje os bons consultores estão em extinção. O declínio das remunerações e bonificações são fatores que influenciam negativamente as

atividades de vendas. Consultores nessa situação têm uma tendência para a desmotivação.

4. **Condições de trabalho precárias:** as condições de trabalho em um local desconfortável não estimulam ou motivam os profissionais de vendas. O ambiente interno de uma empresa e a estrutura do departamento de vendas podem ser fatores de influência no desempenho de uma equipe comercial. A disponibilidade de recursos com tecnologia, ambiente climatizado, boa infraestrutura, suporte e treinamentos são condições cruciais que permitam o desenvolvimento das atividades da equipe de vendas. A falta de tais condições afeta diretamente os resultados que impedem a empresa de alcançar seus objetivos.

5. **Carga excessiva de trabalho e falta de reconhecimento:** uma carga excessiva de trabalho afeta diretamente o físico e psicológico do profissional de vendas. O ideal é sempre buscar o equilíbrio nas atividades diárias, alicerçado em um planejamento. Todo ser humano busca o reconhecimento, seja de gratidão, afirmação ou financeira. É difícil afirmar que o dinheiro traz felicidade, pois a felicidade é um estado de espírito, alinhado a uma situação de momento. Longas jornadas de trabalho, pressão por resultados e falta de reconhecimento são fatores que afetam negativamente as atividades no ambiente comercial.

PARTE 2

CONHECENDO A SI MESMO

"Se o homem buscasse conhecer-se a si mesmo primeiramente, metade dos problemas do mundo estariam resolvidos."
John Lennon

11 — POR QUE CONSULTOR?

No passado, o simples profissional entregava um bem ou uma coisa a um freguês. Em troca recebia um valor em moeda corrente e finalizava aí um processo de vendas. Em muitos casos, o vendedor enxergava o cliente como a realização dos próprios desejos e ideais, sempre oferecia produtos e serviços que mais lhe traziam vantagens. E qual a diferença entre vendedor e consultor? O vendedor é o famoso recebe-entrega, responde somente o que o cliente pergunta. Como diz o ditado popular, faz somente o feijão com arroz. Por ter seu foco nas próprias necessidades, não consegue criar um relacionamento sólido e duradouro e vende somente uma vez. Já o consultor tem como foco a satisfação do consumidor, ou seja, suprir as necessidades do cliente é seu maior objetivo. O consultor de vendas é um profissional não apenas que vai "vender" um produto ou serviço, ele presta uma "consultoria de vendas", onde, durante uma ligação por telefone, reunião ou troca de e-mails, identifica a melhor solução e a oferece para o seu futuro cliente. O consultor é uma pessoa emocionalmente forte e positiva, sua personalidade contém elementos que têm como objetivo ajudar o próximo. Possui facilidade em manter e desenvolver relacionamentos duradouros, é dinâmico e tem facilidade de adaptação às mudanças. O consultor de vendas atua em um processo de vendas como conselheiro, caminha lado a lado do cliente. Esta aproximação gera uma conexão positiva que cria um elo entre o cliente e a organização, transformando-se em uma relação duradora. Como se tornar um consultor de vendas? Para se tornar um consultor de vendas, o candidato precisa ter a disposição de ajudar, orientar e auxiliar o cliente na escolha do melhor produto ou serviço fundamentado na necessidade e desejo do cliente.

12 — O CONSULTOR CONSCIENTE

No atual cenário comercial, que é tão competitivo e cada vez mais repleto de consumidores exigentes atentos às novidades tecnológicas e ligados às questões como sustentabilidade e sociais, somente os consultores conscientes têm a chance de sobreviver com sucesso.

O consultor consciente logo pela manhã acorda motivado e, quando aborda o cliente, o faz de maneira inteligente e com gentileza. A sua maior satisfação é saber que está ajudando outro ser humano a realizar um sonho.

Quando um ser humano ajuda o outro a realizar seus ideais por meio de um excelente atendimento no processo de vendas, além de ser muito bem remunerado, nasce dentro de si uma paz, lembrando que somos seres dependentes uns dos outros.

O consultor consciente, ao apresentar o produto ou serviços, o faz com foco no benefício e deixa o cliente ciente de todos os pontos positivos e também negativos, se tiver. O que importa para ele é a transparência e clareza em todos os detalhes. Esse profissional sabe o que faz. Ele tem em mente que está em uma jornada, uma missão e busca sempre o desenvolvimento no presente e tem uma visão do futuro. Seu principal objetivo é suprir em primeiro lugar as necessidades dos clientes. E por isso busca sempre escutá-los com muita atenção. Ele escuta de forma atenta e oferece soluções inteligentes que melhor o atendem com um preço justo.

Ao oferecer um produto ou serviço, faça de acordo com a real necessidade do cliente de maneira segura e confiante. E tenha pleno conhecimento sobre o produto e serviço que quer comercializar.

Na fase da negociação, que envolve muita adrenalina e tensão, o consultor consciente fortalece o produto que melhor se enquadra no desejo do cliente, levando em consideração o melhor custo e benefício. Nas negociações do passado prevalecia a ideia do cabo de guerra, de um lado o profissional de vendas e de outro cliente. Iniciavam entre si um processo de força, puxando a corda do desconto. O consultor consciente trabalha para que esse momento venha a ser gratificante e prazeroso, onde todos saem ganhando.

No processo de fechamento, o consultor consciente trabalha de forma eficiente para que o pós-venda venha a ser um sucesso e, para isso, cumpre os prazos prometidos.

A paixão e o amor às atividades de vendas são a locomotiva que fornece a energia necessária que move o consultor consciente rumo ao sucesso financeiro e, por consequência, a felicidade dos clientes atendidos por ele e, por isso, a energia positiva flui dentro de seu ser. Para ele, venda é sinônimo de felicidade.

13 — ATIVIDADES DO CONSULTOR CONSCIENTE

Toda empresa de pequena, média e grande porte sempre terá necessidade de contratar profissionais de vendas de acordo com as necessidades de cada organização. E cada um exercerá atividades distintas. Mas existem algumas atribuições inerentes a todos que atuam e querem atuar como consultores de vendas.

1 – Organização

- Planejar o trabalho diário;
- Organizar o trabalho e atividades externas;
- Organizar o ambiente de trabalho;
- Preparar a lista de clientes potenciais;
- Manter atualizado e em ordem seu material de trabalho;

- Manter atualizado o banco de dados de clientes;
- Criar e preparar seu kit de catálogos, pasta, amostras e materiais de venda;
- Preparar os roteiros de visita e reuniões externas;
- Deixar objetos e ferramentas de trabalhos limpos;
- Agendar atendimento ao cliente, interno e externo.

2 – Planejamento

- Fazer um levantamento de todos os clientes;
- Analisar o potencial de todos os clientes;
- Analisar os catálogos, folhetos, brindes e objetos promocionais;
- Analisar estoque e, em caso de falta, comunicar ao gerente;
- Frequentar as reuniões, treinamentos, feiras e convenções de vendas;
- Buscar informações sobre novas tendências ligadas às atividades;
- Analisar relatórios mensais, anuais de vendas.

3 – Administração

- Cadastrar os pedidos;
- Verificar o estoque para os clientes;
- Providenciar substituições e devoluções dos produtos
- Acompanhar o fluxo de pedidos e faturamento;
- Providenciar e acompanhar os pedidos de abertura de crédito;
- Providenciar e acompanhar as prioridades de entregas;

- Acompanhar a instalação de produtos;
- Prestar contas das despesas de viagens;
- Preencher relatórios de vendas;
- Administrar a carteira de clientes;
- Acompanhar a mudança ou fechamento de pedidos;
- Analisar os pedidos cancelados;

4 – Atendimento

- Realizar regularmente visitas aos clientes;
- Vender todas as linhas de produtos e serviços;
- Introduzir e vender novos produtos;
- Responder às indagações do cliente;
- Superar as objeções;
- Interpretar e informar os benefícios dos produtos/serviços para os clientes;
- Fortalecer as necessidades do cliente;
- Explicar as políticas da empresa, no que tange a preços, condições de pagamento, crédito, prazos, entrega e assistência técnica;
- Fazer demonstrações dos produtos;
- Entrar em contato e desenvolver clientes potenciais;
- Fortalecer e manter relações amistosas com os clientes;
- Recolher informações sobre a imagem da empresa perante o cliente e encaminhar para o departamento de marketing;
- Representar a empresa em reuniões e eventos;
- Providenciar descontos e bonificações;
- Cuidar de seu território e de sua clientela;
- Colocar seus esforços de acordo com os potenciais dos clientes;

- Atender clientes via telefone passivo e ativo;
- Atender clientes no estabelecimento comercial;
- Atender clientes fora do estabelecimento comercial.

5 – Comunicação estratégica

- Informar o supervisor, coordenador ou gerente sobre falta de produtos em estoque;
- Informar aos clientes sobre campanhas publicitárias;
- Mensurar as origens dos contatos dos clientes;
- Averiguar e relatar reclamações ao SAC;
- Informar ao supervisor, coordenador ou gerente sobre as atividades dos concorrentes em sua área de vendas.

Ao contratar um profissional de vendas, a empresa já tem preestabelecidas as atividades que serão realizadas, mas o que foi descrito anteriormente são algumas atribuições mestras que todos os consultores do presente e futuro têm que saber.

14 — ATRIBUTOS DO CONSULTOR CONSCIENTE

Atributos são as propriedades positivas que definem um ser, algo que se torna próprio de alguém. O consultor consciente tem o atributo de confiança quando, com afinco e coragem, atua no dia a dia em seu trabalho na busca de realizar seu objetivo final, que é suprir a necessidade de seu cliente. Pensando nessas propriedades, chegamos à conclusão que para enquadrar-se como consultor consciente, os doze atributos têm que estar enraizados em seu ser.

1) **Automotivado:** a automotivação faz parte do dia do consultor consciente. Ele tem a capacidade de motivar a si mesmo. Para isso, define seus objetivos interiores que são sementes que produzem transformações de dentro para fora. Isso faz que ele acredite em si mesmo e, quando vai abordar um cliente, faz de forma

segura, independentemente das circunstâncias a seu redor. Não culpam terceiros pelas respostas negativas, seu comportamento tem base em sua própria escolha consciente. Os consultores com esse atributo carregam dentro de si um fogo do ânimo, pois faça frio ou calor, ele avança graças a essa divindade interna e sempre realiza suas atividades com qualidade.

2) **Ético:** a palavra ética vem do grego *ethios*, que significa "modo de ser". Mesmo tendo sua origem remota, esta palavra tem grande valor na atualidade. Um ser humano ético tem suas ações fundamentadas na balança do justo. As pessoas não nascem éticas, tal virtude se aperfeiçoa com o hábito. O grande filósofo Aristóteles, no seu livro *Ética a Nicômaco II*, preleciona que:

> **Virtudes e ética são adquiridas pelo exercício, ou seja, a prática das virtudes é um pré-requisito para que se possa adquiri-las. Sem a prática, não há a possibilidade de o homem ser bom, de ser virtuoso. Tornamo-nos justos ao praticarmos atos justos, pois "toda a virtude é gerada e destruída pelas mesmas causas e pelos mesmos meios". Já que as virtudes morais são vistas como produto do hábito, consequentemente são tomadas como inatas. (ARISTÓTELES)**

O consultor consciente a cada dia busca alinhar suas atividades no que é justo e correto. Suas ações positivas se tornam um hábito, que, por consequência, o faz um profissional ético.

3) **Prazer em servir:** o servir vai além de cumprir determinados deveres e funções. O consultor consciente, quando está atendendo um cliente, supera as expec-

tativas, ou seja, faz além do esperado. Existe um trecho na bíblia que descreve a postura de um servidor, onde Jesus Cristo, com uma magnífica atitude, ficou conhecido como o maior servidor da humanidade. Quando estava servindo a ceia aos seus discípulos, levantou-se da mesa, tirou sua capa e colocou uma toalha em volta da cintura. Colocou um pouco de água numa bacia e começou a lavar e enxaguar os pés dos seus discípulos. A atitude servidora vai além das palavras. O psiquiatra e cientista Augusto Cury descreve em seu livro:

> **Então, sem dizer qualquer palavra, o Mestre pegou uma bacia de água e uma toalha e começou a lavar os pés daqueles discípulos que lhe deram tanta dor de cabeça. É simplesmente inacreditável essa atitude. (CURY, 2004).**

4) **Bom comunicador:** a comunicação entre dois seres humanos (consultor e cliente) é um processo que envolve troca de informações. Existem vários tipos de comunicação, mas aqui vamos restringir apenas em duas, a escrita e oral, fundamentais para o profissional de vendas. O consultor consciente, quando emite a informação, faz de forma clara e transparente. O cliente consegue entender a mensagem enviada, pois a comunicação não é só o que sai da boca do consultor de vendas, mas o que o cliente entende. Para o profissional de vendas, o processo de comunicação pode ser realizado por meio de orçamentos, e-mails, redes sociais e etc., utilizando sempre as regras corretas no nosso idioma (português). Todas ferramentas de comunicação não podem substituir aquela que dever ser feita pessoalmente ou por telefone. Existem palavras que têm que ser ditas e não escritas. Conforme

Luis Vives disse, "Não há espelho melhor que reflita a imagem de um homem do que suas palavras".

5) **Superar o "não":** o termo "não" é um advérbio que exprime negação. Muitas vezes ouvimos o dito "não" por meio de outras formas.

   1) quando precisar de seus produtos ou serviços entrarei em contato;
   2) só dando uma olhada. Se precisar, te chamo;
   3) vem na próxima semana, pois ainda temos produtos.

O consultor consciente tem seu foco no resultado positivo e se recebe "sim" vai para frente, mas, quando recebe um "não", utiliza de escada para alcançar seu objetivo que é o "sim".

Abraham Lincoln recebeu "nãos" nos negócios e foi à falência duas vezes. Recebeu "nãos" de muitos americanos nas seis eleições que foi derrotado antes de chegar ao topo. Mas, mesmo assim, em 1860 se tornou o 16º presidente americano. Independentemente de quantas respostas e notícias negativas já foram recebidas, o consultor consciente sabe que vai chegar onde deseja, não vai desistir. Um dia recebe não, mas no outro receberá um sim.

6) **Responsável socioambiental:** a responsabilidade socioambiental ganhou forte impulso e crescimento no início da década de 1990. Na atualidade, a problemática vem apresentando vários debates na sociedade, inspirando os profissionais de vários setores e categorias a olharem para a importância do assunto. O consultor consciente está inserido no meio de uma sociedade e, por isso, suas atitudes estão voltadas para melhorias do bem-estar social e para a pre-

servação do meio ambiente. São pequenas atitudes que podem fazer toda diferença em nosso futuro, tais como evitar a impressão de papéis e, quando imprimir, utilizar os recicláveis utilizando os dois lados da folha, utilizar papéis antigos para rascunho, usar uma garrafa ou uma caneca de alumínio ou cerâmica para tomar água e café, pois irá reduzir a quantidade de copos plásticos no lixo. Ao sair do ambiente de trabalho e não tiver ninguém, apagar as luzes e desligar o monitor do computador e o condicionador de ar. Durante o dia deixar as cortinas e janelas abertas, pois diminuirá a quantidade de energia utilizada por lâmpadas. Incentivar o líder da equipe a orientar os outros consultores a terem as mesmas atitudes.

7) **Relacionamentos duradouros:** no atual cenário moderno, o relacionamento com o cliente nunca foi tão importante, principalmente para profissionais que atuam na área de vendas. Especialistas no assunto dizem que manter um relacionamento duradouro e harmonioso com os seus clientes é um passo para a fidelização, desde que seja construído com base na confiança e respeito. Relacionamento duradouro com o cliente se inicia com uma transação de sucesso, ou seja, todo processo de vendas foi perfeito desde a confirmação do pedido até a entrega e instalação do produto ou conclusão do serviço. Se ocorrer algum imprevisto no decorrer do processo, o consultor deverá estar presente para dar suporte e solução ao problema causado. E o relacionamento tem que ser bom para os dois lados. O consultor consciente deve ter em mente que todo início de apresentação é uma oportunidade de um relacionamento duradouro.

8) **Conhecimento:** todo profissional tem que ter conhecimento sobre suas atividades. O médico tem cinco anos de medicina e mais dois anos de especialização para exercer a medicina. O advogado deverá estudar cinco anos, formar-se bacharel em direito e fazer uma prova e, se for aprovado, poderá exercer a advocacia. E o consultor? O consultor consciente tem que, no mínimo, conhecer sobre a empresa em que trabalha de forma geral, conhecer muito bem o produto e serviço que comercializa e conhecer de forma clara os processos de vendas. O grande sábio, e terceiro Rei de Israel, Salomão cita em provérbios, no capítulo 18, versículo 15, o seguinte: "O coração do sábio adquire conhecimento e o ouvido do sábio procura o saber. Feliz é o ser humano que acha sabedoria e o que adquire conhecimento". O consultor consciente tem pleno conhecimento sobre o produto que vai oferecer para o cliente, pois o conhecimento transfere segurança e credibilidade quando estiver apresentando ou oferecendo um produto ou serviço.

9) **Fé:** é uma atitude de quem acredita em algo. O consultor consciente no mínimo tem que ter fé em si mesmo. A fé não está ligada somente a questões religiosas, mas em tudo o que existe. No inverno de 2007, eu atuava como supervisor de uma equipe de vendas e trabalhávamos com condicionadores de ar. Nessa época, as vendas diminuíram cerca de 40%. Como tinham vários profissionais de férias, estávamos com afinco entrando em contato com alguns clientes. Eram 16h de uma sexta-feira fria, quando fiz uma ligação para outro estado. A pessoa do outro lado, de maneira áspera, disse "manda valor dos aparelhos 9,12 e18 mil btu´s no meu e-mail. Obri-

gado!!". Logo em seguida fiz a proposta e a enviei. Alguns minutos depois recebi uma confirmação e resposta "manda seu melhor valor". Como já tinha passado o melhor valor, só frisei os benefícios em comprar com uma empresa líder no mercado. Entre essas perguntas e respostas já haviam passado 35 minutos do término do horário de trabalho. Cheguei na segunda-feira às 7h45min, olhei a caixa de e-mail e não havia nenhuma resposta da proposta enviada na sexta-feira. Às 9h recebi um e-mail confirmando a compra, 30% da meta do mês. Por ter fé e acreditar, consegui fechar um pedido que ajudou a equipe atingir a meta. Por isso, o consultor precisa ter fé e acreditar naquilo que faz.

10) **Solucionador de problemas:** em pleno século XXI, era da informação, uma das maiores dificuldades encontradas no departamento comercial de grandes empresas é a falta de habilidade de alguns profissionais para resolver problemas. Quando se delega para colaborador de outro departamento, não se acompanha o fim do problema e a reclamação vai direto para o SAC, geram-se clientes insatisfeitos. O consultor consciente encara o problema como oportunidade de fidelizar o cliente. Pesquisas afirmam que clientes, quando ligam para uma empresa e fazem uma reclamação que é resolvida rapidamente, tornam-se mais fiéis dos que aqueles que nunca reclamaram. Por isso, quando o cliente ligar reclamando, está aí uma oportunidade de novos negócios. Além dos problemas com clientes, enfrentamos problemas com colegas, familiares, com os líderes e pessoais. Precisamos ter inteligência para resolvê-los seguindo o mesmo fluxo que é ouvir, agir e concluir. Albert Einstein disse: "Os problemas signi-

ficativos com os quais nos deparamos não podem ser resolvidos no mesmo nível de pensamento em que estávamos quando eles foram propostos".

11) **Lidar com pessoas:** estamos vivendo em uma fase em nosso planeta onde egoísmo tem destilado com um veneno de serpente em busca de um alvo. O egoísmo hoje é uma barreira que separa as pessoas. Sabemos que não é fácil lidar com algumas pessoas, mas temos que buscar meios de convivermos com ela em paz. O consultor consciente está sempre interessado em manter um relacionamento com seus clientes, parceiros e colegas de trabalho, pensando sempre no bem-estar de todos.

12) **Caráter:** o caráter é um conjunto de traços particulares. É um termo que designa o aspecto da personalidade de um ser humano, sendo resultado de progressiva adaptação do sujeito às condições ambientais, familiares e sociais. Caráter é diferente da reputação. O caráter está interiorizado na própria pessoa e reputação é uma opinião que as pessoas emitem a seu respeito.

O profissional que atua na área comercial tem que prezar pelo caráter. E essa rara qualidade só existe em pessoas justas, dignas, que honram os valores humanos. Aristóteles certa vez disse "Vosso caráter é o resultado de vosso procedimento".

15 — DEFINIÇÃO DE HÁBITOS

O dicionário Aurélio define o hábito como um comportamento que determinada pessoa aprende e repete, ou seja, algo que é feito constantemente torna-se um hábito. O hábito pode ser bom ou mau. Vivemos em uma sociedade baseada em valores e costumes, onde existe o certo e o errado. Os hábitos bons equiparam-se ao que é certo e os maus ao errado. O professor Stephen R. Covey, disse, em seu livro *Os 7 hábitos das pessoas altamente eficazes*, que "os hábitos constituem fatores poderosos em nossas vidas, eles servem para exprimir nosso caráter no dia a dia, sendo responsáveis por nossa eficácia e ineficácia". O profissional de vendas tem que ter enraizado os bons hábitos em sua mente e praticá-los a cada dia, pois são poucos profissionais nessa missão de vendas que alcançam o sucesso. E o profissional que interioriza bons hábitos, estes fazem toda diferença em sua carreira. O grande escritor Og Mandino, em seu livro *O maior vendedor do mundo*, descreve que:

> Na verdade, a única diferença entre aqueles que falharam e aqueles que tiveram sucesso está na diferença de seus hábitos. Bons hábitos são a chave do sucesso. Maus hábitos são a porta para o fracasso. Assim, a primeira lei que se deve obedecer é "Formarei bons hábitos e me tornarei escravos deles". Quando criança, fui escravo de meus impulsos. Agora sou escravo de meus hábitos, como todos os adultos. Minhas ações são ditadas pelo apetite, paixão, preconceitos, avidez, amor, medo, ambiente, hábito. E o pior de todos estes tiranos é o hábito. Se, portanto, devo ser escravo do hábito, que seja um escravo de bons hábitos. Meus maus hábitos devem ser destruídos e novos sulcos preparados para boas sementes. Eu formarei bons hábitos e me tornarei escravos deles. (Og,2003)

Como já foi descrito anteriormente, a diferença entre o profissional de vendas que falhou e aquele que teve sucesso são os hábitos. Aquele que opta em seguir a trilha dos bons hábitos terá à sua espera o pódio com direito a admiradores, troféus e prêmios. Aquele que escolhe os maus hábitos terá o fundo de poço como recompensa, com direito a umidade da tristeza e o abraço da solidão. A seguir vamos explanar sobre vinte e quatro hábitos, doze maus e doze bons. A finalidade é orientar os profissionais de vendas a focar nos bons e esquecer dos maus, pois todo profissional tem que ter como objetivo a vitória e sucesso.

16 HÁBITOS QUE LEVAM AO FRACASSO

Os hábitos que levam ao fracasso estão relacionados com as atitudes negativas que o profissional de vendas tem no dia a dia. O profissional que trilha no mapa que leva ao fracasso não terá sucesso em vendas.

MAPA DO FRACASSO

- NÃO DAR RETORNO PARA O CLIENTE
- PROMETER E NÃO CUMPRIR
- FALAR E ESCREVER ERRADO
- IRRITAR-SE COM O CLIENTE
- FALTA DE CONHECIMENTO
- NÃO CUMPRIR AS METAS
- MENTIR PARA O CLIENTE
- IRRESPONSABILIDADE
- DESORGANIZAÇÃO
- DESONESTIDADE
- INSEGURANÇA
- TIMIDEZ
- **FRACASSO**

1) **Não dar retorno para o cliente:** pesquisas afirmam o que mais gera reclamação é a falta de acompanhamento do processo de vendas. Quando ocorre um imprevisto que pode ser um erro de faturamento ou na entrega e o profissional acompanha e comunica com antecedência, o cliente se sente importante. Essa atitude demonstra preocupação com seu bem maior que é o cliente. No momento em que não existe esse retorno, nasce na relação com o cliente a desconfiança que vem acompanhada da falta de compromisso e respeito, pois a responsabilidade de dar retorno é 100% da empresa por meio de seus colaboradores, profissional de vendas. Quem não tem essa visão, terá em sua memória a imagem do fracasso.

2) **Prometer e não cumprir:** essa frase poderia ser o slogan da campanha de muitos políticos que em época de eleições no Brasil vendem seu projeto político e não cumprem. No processo de vendas, prometer não é problema. O fundo do poço está preparado para aquele profissional que não conseguir cumprir o que prometeu. Além do desrespeito com o cliente, outros possíveis candidatos a clientes também saberão da sua má fama. O correto é ser sempre honesto e sincero custe o que custar. Se uma entrega atrasar, conte o que realmente aconteceu. Se você ficar dando desculpas, o cliente percebe que está sendo enganado. Quando o profissional ganha a fama de enrolado, ficara difícil conquistar a confiança novamente.

3) **Falar e escrever errado:** o profissional de vendas que escreve e fala errado, em muitos casos não são bem vistos pelo seu cliente. É verdade que o profissional não precisa ser um especialista em língua portugue-

sa, mas existe a necessidade do conhecimento básico para não se cometer erros primários. No novo cenário corporativo, existe a necessidade que a comunicação seja realizada através do telefone, pessoalmente, por e-mail ou redes sociais. Todos esses meios necessitam de um bom conhecimento do idioma português para que haja um entendimento pleno da mensagem. Escrever e falar errado é o mesmo que dar um mapa diferente ao que foi solicitado.

4) **Irritar-se com o cliente:** existem muitos profissionais que inflamam o fogo da ira com alguns clientes, principalmente quando têm alguns problemas que dependem de outro departamento para serem solucionados. Quando o cliente liga ou vai pessoalmente ao estabelecimento comercial com alguma pendência que somente pode resolvida por outro departamento como, por exemplo, solicitação de 2ª via de nota fiscal, entrega, reclamação de atendimento de um colega de trabalho, todos esses casos são de responsabilidade do profissional de vendas, que deverá assumir e trazer a solução. E não fugir do problema, dizendo "a minha parte já fiz que foi a venda, cada um no seu quadrado". Essa atitude leva ao fracasso.

5) **Falta de conhecimento:** existem vários tipos de conhecimentos, mas aqui queremos focar e descrever o conhecimento de uma forma mais objetiva. Quando o profissional inicia uma atividade, não pode exercê-la sem ter o pleno conhecimento do que será realizado. A falta de conhecimento gera sofrimento. Há mais de dois mil anos, o escritor Oseias escreveu no seu livro profético do Antigo Testamento que existia um grande sofrimento entre os habitantes de Israel. Eles estavam

se perdendo pela falta de conhecimento, por terem rejeitado a instrução. A falta de conhecimento gera também descontentamento. Imagine o cliente ligar para o consultor solicitando um produto com a classificação de eficiência energética A e no ato da entrega recebe um com classificação C. Vai ou não vai gerar um desconforto grande? Por isso o conhecimento é crucial para o exercício da atividade comercial.

6) **Não atingir as metas:** a cada início de mês, o profissional de vendas inicia do marco zero e tem o foco na nova meta do mês. A meta é o termômetro que mede a capacidade de produção. Se o profissional ficar três meses seguidos sem atingir a meta, deve-se fazer uma análise urgente. Claro que tem que ser uma meta justa, a meta não pode um absurdo que nunca foi atingida, nem foi chegado próximo. Cada mês que passa, o profissional tem que perseguir suas metas, pois sem esse objetivo acabará a atingindo a meta do fracasso.

> **"O maior erro você o comete quando, por medo de se enganar, erra deixando de se arriscar em seu caminho. Não erra o homem que tenta diferentes caminhos para atingir suas metas. Erra aquele que, por medo de se enganar, não caminha. Não erra o homem que procura a verdade e não a encontra. Engana-se aquele que, por medo de errar, deixa de procurá-la. (RenéTrossero).**

7) **Mentir para o cliente:** ninguém quer fazer uma compra ou confiar seu dinheiro a "profissional" que utiliza da mentira para se dar bem. Quando um "profissional" tem como argumento a mentira em seus negócios, nas relações comerciais e em todas as tratativas ilude ou engana o cliente, com essa atitude está trabalhando

para no futuro próximo criar uma armadilha de estresse e descontentamento, pois em muitos casos o produto comprado não vai ser entregue ou, como o dito popular informa, "entregará gato por lebre", ou seja, compra x e recebe y. Quem não utilizar a verdade – claro que nem tudo e a ferro e fogo, todo processo tem que existir uma flexibilidade, mas sempre fundamentado na verdade.

8) **Irresponsabilidade:** o dicionário Aurélio define que irresponsabilidade é quando existe a falta de responsabilidade, ou seja, não há compromisso com que é feito ou dito. O profissional que atua com irresponsabilidade está com seus dias contatos na empresa, pois seu futuro sempre será buscar novo emprego. Nenhum empresário, gerente ou líder de equipe quer trabalhar com um irresponsável, pois esse hábito não agrega valor.

9) **Desorganizado:** um profissional desorganizado nunca conseguirá passar boa impressão para seus líderes e principalmente para seus clientes externos. Com esse hábito, o desorganizado costuma esquecer-se de cumprir o foi combinado, chega atrasado em reuniões e compromissos, não consegue acompanhar os processos de vendas, tudo se torna urgente e importante, pois falta organização nas atividades diárias. Profissionais que agem assim passam pouca confiança.

10) **Desonestidade:** o desonesto tem atitudes e práticas que são contra a honestidade. E o que é honestidade? É prezar pela verdade e não ser um trapaceador. Como diz o ditado popular, "não passar a perna nos outros". Ser honesto é passar o valor justo para o cliente no ato da negociação, é quando um colega de trabalho, ao

deixar uma blusa no local de trabalho e ao sair só estava você na sala, quando ele retornou a blusa continuar no mesmo local que estava anteriormente. Ser honesto também é vender para os clientes que pertencem à sua carteira. Vender para cliente de outro consultor sem autorização é uma atitude desonesta. Claro, se o consultor estiver de corpo mole, além de vender para atender o cliente, o consultor deverá comunicar imediatamente o supervisor ou gerente. O profissional de vendas que comete um erro e, ao perceber sua falha, se desculpa e muda sua atitude de imediato, é uma pessoa honesta, pois se não mudar de imediato é desonesto. Como disse Ivan Teorilang, "com certeza outros erros se originarão deste, é tentar remediar o irremediável". Por isso, errar e não corrigir de imediato é uma atitude de um profissional desonesto.

11) **Insegurança:** a insegurança é uma corda que aprisiona os pés, impendido o profissional de locomoção para o pódio do sucesso. O fundador e presidente do Grupo Poloar, Sr. Sidney Tunda, disse certo dia que "o cliente, quando entra em contato com uma empresa, tem uma probabilidade muito grande de concluir a compra quando o consultor passa segurança através da informação". O consultor inseguro não transmite credibilidade. E onde não existe credibilidade não se pode falar em negócios. A insegurança é uma barreira que impede as correntes de conquista de chegar até a margem da vitória, transformando um terreno úmido com vida em um terreno seco onde reina a destruição.

12) **Timidez:** a timidez é um estado de desconforto que inibe a interação e em muitos casos a comunicação com outros seres humanos. A timidez tem seu aflora-

mento em situações de desconforto, principalmente quando o profissional se sente inferior perante uma pessoa ou situação. Um profissional de vendas, quando se encontra em uma situação de timidez, sente as batidas do coração aumentarem, a voz treme, a transpiração dispara e as mãos começam a ficar úmidas. O que gera a timidez é falta de preparo, conhecimento. É não estar preparado para exercer as atividades laborais de vendas. Em uma sociedade onde tem predominado a comunicação virtual, especialistas afirmam que muitos consultores de vendas têm desistido da profissão por causa da timidez, pois a maior dificuldade é interagir com outro ser humano

17 — HÁBITOS QUE LEVAM AO SUCESSO

Todo profissional de vendas que deseja atingir o topo do sucesso precisa ter bons hábitos que são fundamentais para acelerar esse objetivo.

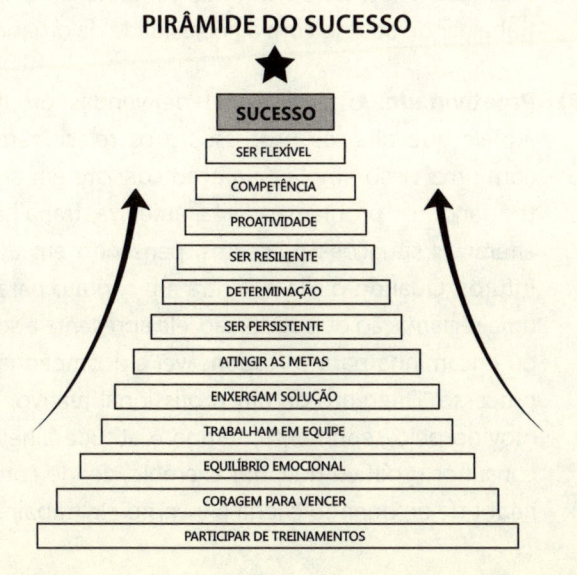

PIRÂMIDE DO SUCESSO

★

- SUCESSO
- SER FLEXÍVEL
- COMPETÊNCIA
- PROATIVIDADE
- SER RESILIENTE
- DETERMINAÇÃO
- SER PERSISTENTE
- ATINGIR AS METAS
- ENXERGAM SOLUÇÃO
- TRABALHAM EM EQUIPE
- EQUILÍBRIO EMOCIONAL
- CORAGEM PARA VENCER
- PARTICIPAR DE TREINAMENTOS

Você sabe vender?

1) **Ser flexível:** o consultor de vendas está sujeito a vários desafios diários e é necessário ter habilidade para lidar com várias situações e com diferentes perfis de pessoas. Além de lidar com todos os desafios, os profissionais que querem ter sucesso no campo do comércio devem ser muito flexíveis. Ser flexível não significa perder ou diminuir sua vontade própria, tornar-se uma pessoa sem opinião. Mas, afinal, o que significa ser flexível? É aquele profissional que se adapta a qualquer mudança, sempre busca o bem comum, ou seja, tem a visão do bom para todos.

2) **Competência:** a competência é formada pelo conjunto de habilidade, atitude e conhecimento. O consultor competente é aquele que, diante de qualquer situação negativa, toma iniciativa e assume a responsabilidade. A competência profissional é identificada em um consultor que preza pela organização e diariamente realiza uma avaliação, identificando e analisando a evolução de seus resultados. Ter o hábito da competência é sempre trabalhar de acordo com a necessidade da organização.

3) **Proatividade:** o profissional de vendas proativo é aquele que olha os processos e os relacionamentos com uma visão ampla. Sua ação consiste em agir antecipando os problemas. Evita, ameniza, trabalha para alterar as situações presentes, pensando em eventos futuros. Quando o cliente entra em contato para fazer uma reclamação ou solicitação, ele apresenta a solução ou encaminha para o responsável e acompanha todo processo. Diferente de um profissional reativo, que é movido pelo sentimento, tempo e atitude alheia. Um consultor proativo que, por exemplo, vende condicionador de ar, quando chega o inverno ele trabalha com

todo afinco, informando ao cliente que esse aparelho é crucial para um inverno confortável, auxiliando-o no aquecimento ambiental, utilizando o ciclo quente. Muitos vão além de orientar o cliente que a melhor época para adquirir um condicionador de ar é no inverno, pois, além do aquecimento no inverno, o verão será de muito conforto com a refrigeração. Vendas são para os proativos, onde os reativos não têm vez.

4) **Ser resiliente:** o profissional resiliente é aquele que, durante ou após um momento adverso, tem a capacidade de se adaptar ou evoluir frente à situação. O consultor de vendas, durante sua jornada diária, encontrará ou passará por situações desagradáveis que poderão afetar seu emocional, mas o profissional resiliente sempre se mantém forte diante dos obstáculos, certo que sua trajetória pode ter altos e baixos. No final, o sucesso é garantido, pois o salário do resiliente é paz interior.

5) **Determinação:** a determinação é um ato de permanecer firme em um objetivo até alcançá-lo. Para que um profissional de vendas venha ser determinado, deve ter seus objetivos definidos, metas claras e uma convicção plena de que irá alcançá-las. Dizer que sua meta é ser feliz ou ser uma pessoa bem-sucedida não representa determinação de fato, somente ingenuidade quanto às suas próprias vontades pessoais. A meta e a determinação andam juntas. Quem não tem metas não pode ser determinado, pois a determinação vem justamente do impulso para atingi-las. Determinação não é ter esperança, vontade ou desejo. Esperança é uma vontade fraca, uma vontade passiva de quem apenas espera, mas não age em prol do que quer. Com as metas definidas, renasce a força interior e a certeza de que o que se deseja será

alcançado. A força e a certeza juntas formam a determinação. Metas sem força e certeza jamais são concretizadas. Força sem metas é apenas intenção, esperança.

A pessoa determinada possui uma força interna que impulsiona para atingir seus objetivos e tira sua motivação dessa fonte inesgotável de energia.

6) **Ser persistente:** o profissional persistente pode ser comparado a uma garrafa de vinho cujo aroma permanece durante um longo tempo. Mesmo que a garrafa esteja aberta, seu sabor continua no paladar. No ambiente comercial, a persistência faz a diferença entre o consultor de sucesso e o fracassado. O persistente não desanima perante o não do cliente, sua força é como a de um leão faminto à procura da carne em sua frente. Um grande exemplo de persistência que sempre admiro é a do maior rei que se teve conhecimento. De cuidador de animais se tornou o rei mais querido da nação de Israel. A história descreve que Davi foi perseguido, caluniado, criticado e traído, mas nunca deixou abater-se, pois tinha objetivos definidos. O consultor de vendas tem que ser perseverante sabendo que tudo vai dar certo. E que o próximo minuto será melhor que o anterior.

7) **Atingir as metas:** quando um maratonista inicia uma longa jornada, o seu maior objetivo é chegar em primeiro lugar e subir no pódio e receber a medalha ou o troféu de campeão. Quando o consultor de vendas inicia o primeiro dia do mês, seu maior objetivo deverá ser atingir a meta. O consultor que quer ter sucesso em sua profissão deverá ter já definida a sua própria

meta. E quando receber a meta do mês proposta pelo seu gerente comercial, tem que a perseguir até alcançar. Metas são propostas para serem atingidas e quem atinge receberá sua recompensa.

8) **Enxergam solução:** em todas as organizações sempre têm profissionais que enxergam soluções para todos os problemas, pois tem uma visão de águia. Em todas as situações de crise, ele enxerga uma oportunidade. Consultores com essa postura têm maiores possibilidades de sucesso.

9) **Trabalho em equipe:** muitos profissionais que atuam na área de vendas entendem que tem que focar na meta e esquecer das pessoas que o cercam. É verdade que temos que ter o foco em vendas, mas não podemos esquecer-nos de nossos colegas de trabalho, que são muitíssimos importantes para nosso sucesso. Existem aqueles que, para atingir seus objetivos pessoais, agem de maneira prejudicial à equipe. Devemos ter em mente que ninguém chega ao topo sozinho. Para atingir o sucesso nas atividades diárias precisamos trabalhar em equipe. Trabalhar em equipe difere-se do trabalho em grupo. Consultores que trabalham em grupo têm objetivos comuns, possuem algumas afinidades e produzem resultados razoáveis ou bons. Consultores que trabalham em equipe possuem uma série de fatores positivos que distinguem do grupo, como a sinergia, respeito, transparência e criatividade, garantindo a obtenção de excelentes resultados.

10) **Equilíbrio emocional:** em um processo de vendas podem ocorrer vários contratempos que podem gerar

situações que afetam o emocional. Manter o equilíbrio emocional no ambiente comercial é fundamental para que se estabeleça um relacionamento saudável nas relações interpessoais. Estudos e pesquisas realizadas por especialistas no assunto comprovam que a maior parte da conquista e desenvolvimento no ambiente profissional está relacionada ao seu nível de inteligência emocional, ou seja, a habilidade para relacionar-se e comunicar-se com os clientes, líderes e outros integrantes da equipe.

11) **Coragem para vencer:** coragem é uma habilidade de confrontar e encarar uma situação que causa medo e insegurança. Um consultor com coragem não é definido por ser uma pessoa que assume os riscos ou envolve-se em desafios sem planejamento. A coragem está ligada a ações bem definidas e planejadas. A coragem pertence a cada consultor que enfrenta o medo interno. Em seus momentos mais difíceis, faz o que tem para fazer.

12) **Participar de treinamentos:** a expressão treino ou treinamento refere-se ao aprimoramento de pessoas que buscam melhorar seus conhecimentos e adquirir novas habilidades. A humanidade vive em uma fase no planeta onde as mudanças são constantes. Um exemplo são as novas tecnologias que transformam o mercado de trabalho (computadores). O profissional de vendas, para ter sucesso, deverá investir em si com palestras, cursos, convenções e seguir em frente acompanhando as mudanças. O consultor de vendas tem como um dos alicerces o treinamento, pois é a melhor forma de aprender e reciclar seus conhecimentos e servir o cliente de maneira consciente.

18 — QUANDO O CONSULTOR CRIA OBJEÇÃO

A objeção é o mesmo que oposição. Muitos autores a definem como sendo uma ferramenta utilizada pelo cliente na negociação e ensinam aos consultores como se portar perante essa situação. Eu acredito que pode ocorrer mesmo essa objeção por parte do cliente. Mas por outro lado existe também a objeção por parte do consultor. Vamos imaginar um exemplo simples que o correu comigo. Em um sábado no verão de 2012 acordei pela manhã e, ao contemplar o sol radiante, resolvi tomar um café na padaria próxima de casa. Quando cheguei, pedi para a atendente no balcão um lanche natural. Ela foi direta e disse "Não tem como cortar o peito de peru, o equipamento esta com defeito". E não deu outra alternativa. Nesse momento já criou uma barreira, uma objeção entre nós. Então, eu sou o cliente e acredito que se ela utilizasse a frase "infelizmente estamos

Você sabe vender?

com um pequeno problema na máquina de cortar frios e por esse motivo está sendo cortado um pouco mais grosso. Peço desculpas". Com certeza, utilizando a segunda frase eu ficaria mais feliz e nunca teria interpretado como uma objeção. O consultor de vendas cria a objeção quando utiliza a palavra NÃO, que pode ser substituída por outras frases como "posso ver se existe outra possibilidade, vou buscar novas alternativas para atendê-lo".

Imagina você, consultor, no lugar de um cliente. Entra em contato com uma empresa XXV ELETRONICS para comprar uma televisão e o prazo de entrega é de sete dias, mas você precisa que seja entregue em cinco dias e logo no início do primeiro contato o consultor de vendas disse não dá para entregar, ou seja, jogou um balde de água fria, que cria uma barreira. Em seguida você entra em contato com outra empresa VVZ COMERCIO DE ELETROS e o consultor fala para você que o prazo é de sete dias e que infelizmente a possibilidade de atendê-lo no prazo de cinco dias é muito pequena, devido o trabalho realizado pelo centro de distribuição que sempre trabalha com esse prazo para evitar avarias no equipamento. E também conta com um sistema de entrega que é exclusiva, que aumenta o prazo de entrega. Mas se o cliente preferir pode retirar em cinco dias no centro de distribuição. Nesse caso, o consultor mostra os dois lados da moeda, o lado do cliente e o da empresa. E se coloca à disposição do cliente para atendê-lo com outras possibilidades. O consultor de vendas tem que tirar a palavra NÃO do seu vocabulário comercial e utilizar outras palavras que deem alternativas para o cliente pensar. O NÃO fecha todas as portas.

19 — COMO VENDER VALOR E NÃO PREÇO?

Qual é o atual vício que tem enraizado nos departamentos de vendas? É o que tem feito vários consultores interromperem uma ligação para ir à sala do gerente? Com certeza é o preço.

E o que é preço? Preço é um valor que o gerente financeiro ou diretor administrativo faz com base no custo que o produto vai gerar para ser entregue no cliente final. Mas qual é o motivo de tanta guerra de preços? Essa guerra está ligada ao aumento da concorrência e falta de persuasão de muitos consultores de vendas. O preço não pode ser a base para as negociações. O profissional de vendas tem que agregar valor em seu produto. Tenho uma história muito interessante que ocorreu com meu amigo no final do ano de 2013. Ele comprou uma casa e, quando foi fazer a pintura, chamou seis profissionais para fazer um orçamento. Dos seis, quatro deram preços parecidos, mas <u>dois</u> tinham o preço muito abaixo. Quando foi negociar com eles, descobriu que a qualidade da tinta estava abaixo em relação aos outros, ou seja, qualidade inferior. Então terminou a negociação com eles. A negociação com os outros <u>dois</u> continuou e foi uma batalha. Os dois, de início, deram um desconto de mais ou menos 15% e foram questionados sobre a qualidade do produto utilizado que eram ótimos, mas o prazo para término da obra e formas de pagamento foram as barreiras que fizeram interromper a negociação.

Dos seis, sobraram somente dois e o grande vencedor da proposta foi o sr. José Andrade, da empresa LAR PERFEITO. Ele foi surpreendente. Disse para seu futuro cliente que o desconto máximo que poderia dar era de 5%, pois essa era a margem de negociação. Disse que as paredes da casa deveriam ter um enquadramento. Se fosse só para pintar, iria parecer que as paredes estavam tortas. E para que o serviço venha ter qualidade, tinha que passar uma massa especial em todas as paredes. A tinta era umas das melhores marcas e todos os profissionais são credenciados pelo próprio fabricante da tinta, com garantia de um ano. O produto seria aplicado nas portas por uma máquina especial, permitindo que a pintura não tivesse escorrimento e dando uma impressão que a porta veio com a pintura de fábrica. Disse ainda que os profissionais que trabalha com ele faziam parte da equipe há mais de seis anos. Ele enviou fotos dos serviços anteriores e ainda deu os telefones de três clientes para tirar uma referência. Quando meu amigo ligou para duas referências, a resposta foi positiva e um cliente falou que o serviço foi ótimo. Nem preciso responder por que ele foi o grande vencedor dessa cotação. Mesmo sendo com um valor maior, Sr. José foi escolhido e fez um excelente trabalho. E ainda foi indicado para outros amigos. Se eu vir algum amigo que precisa de trabalho de pintura, imagina quem vou indicar? Por isso a importância da persuasão em mostrar para o cliente que o que importa não é o preço e sim o valor.

Profissional de vendas, quanto vale seu trabalho? Seu atendimento é igual a qualquer consultor? A primeira valorização começa com o profissional que atende o cliente que demonstra que, para ser atendido por ele existe, um valor agregado. Quem é igual aos demais se preocupa com o preço e não com o valor. É claro que devemos entender que, se o cliente apresentar uma proposta de uma empresa séria igual a que você trabalha e é o mesmo material com preços semelhantes, tem que ser analisado. O que não podemos é comparar quando o preço de um *iPhone* está no site da Apple por R$ 1.500,00 e no site da tecfone esta por R$ 800,00. Qual é a origem desse produto? Como funciona a garantia? Tem alguma central para entrar em contato se ocorrer um defeito? Essas perguntas são muito importantes para o consultor fazer para seus clientes no momento que apresentar um preço muito abaixo do que é praticado no mercado.

Como vender valor e não preço? Quando o profissional de vendas está em uma negociação, o que o cliente quer comprar? Valor agregado ou preço? Vamos usar um exemplo na compra de uma máquina de lavar roupas. Muitos podem responder "a cliente quer a máquina de lavar roupas". Mas respondo que não é só isso. Onde está a segurança, seriedade, confiança e comprometimento com o cliente? O consultor que vende valor tem como meta principal encantar o cliente.

Vamos utilizar uma ilustração. Imagine que você está fazendo uma pequena corrida no parque ao lado de sua casa. E, por um descuido na hora de pisar, gerou um deslocamento dos ligamentos e uma fratura exposta. Dois quarteirões abaixo do parque existem dois médicos, um pertence à Clínica do Povo, onde o preço dos procedimentos ficará em R$ 2.800,00 e tem histórias de pessoas que entraram lá vivas e saíram para o além. E tem a Clínica Saúde e Bem-Estar, onde os procedimentos ficarão em R$ 3.380,16 e tem boas referências do local. Qual das duas portas você entraria? Com certeza aquele que traz segurança e tranquilidade.

    Muitos profissionais de vendas, ao receber a tabela de preços nova e vê que teve aumento nos preços, podem até reclamar, murmurar dizendo que agora não vai vender mais, pois os preços estão muito altos. Pergunto, com um produto que custa R$ 1.000,00, para atingir uma meta de R$ 10.000,00, quantos produtos tenho que vender? A resposta é dez produtos. Se o produto aumentou para R$ 1.100,00, para atingir a mesma meta de R$ 10.000,00, a quantidade de produtos cai para nove. Agora conseguiu entender que existem os dois lados da moeda? O profissional de vendas não pode ter como empecilho o preço para não fechar negócios. Valorize seu produto e serviço, crie um valor extra. Cliente sempre quer ter vantagens em uma compra. O cliente não quer comprar queijo e levar coalhada.

20 — CAUSEI UM PROBLEMA. E AGORA? O QUE FAZER?

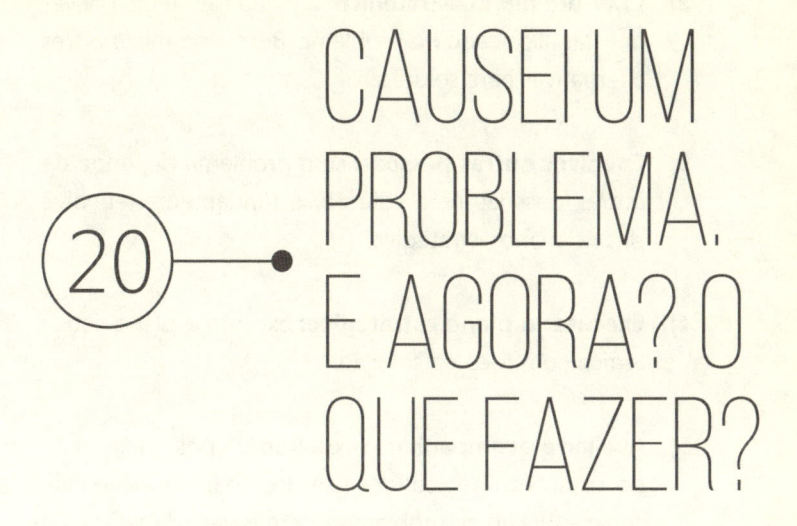

Todo ser humano está sujeito a cometer erros, desde do erro simples aos mais complexos. E os erros se transformam em problemas. Em um departamento comercial, onde os consultores de vendas têm que mensurar suas atividades, acompanhar os processos e vendas e gerar resultados, tem-se problemas constantes. Mas saber como corrigi-los é utilizar a parte inteligente do cérebro humano.

Agora, quando os problemas estiverem na nossa frente? O que fazer para consertar? Perante um problema, o consultor de vendas deverá seguir os seguintes passos:

1) **Compreender o problema:** quando o problema chegar até você de maneira verbal, deve-se analisar e questionar para dar andamento e chegar a uma solução. Se for escrito, analisar o documento em todos os detalhes.

2) **Criar um plano estratégico:** o plano estratégico deverá estar alicerçado no problema. Buscar no mínimo três alternativas para solução.

3) **Envolver outras pessoas:** se o problema depende de outras pessoas para solução, é fundamental envolvê-las no plano estratégico.

4) **Executar o plano estratégico:** execute o plano estratégico com foco na solução.

5) **Avaliar e acompanhar o resultado:** após a execução do plano estratégico, deve-se acompanhar até o fim, com resolução do problema, e certificar-se da satisfação do cliente.

> "Clientes podem demitir todos de uma empresa, do alto executivo para baixo, simplesmente gastando seu dinheiro em algum outro lugar."
> Sam Walton

CONHECENDO SEU MAIOR BEM

PARTE 3

21 — QUEM SOU PARA VOCÊ?

Onde devo investir meu dinheiro? Na sua empresa? Em você? O que você tem para oferecer-me que o concorrente não tem? Você, consultor, no ato da negociação transmite para mim o valor e preço justo? Ou quer sempre aumentar abusivamente a lucratividade da sua empresa? Essas são as perguntas que gostaria de fazer quando entro em contato com você. O que você oferece mim, você compraria? Eu não tenho nada contra a sua organização, mas lembre-se que você não é o único fornecedor do produto ou serviço que eu preciso.

Como seu futuro cliente, além do produto ou serviço, quero ser valorizado, ter respaldo, segurança, credibilidade, justiça e transparência de quem estou comprando.

Muitas vezes entrei em contato com você por telefone, por e-mail e pessoalmente em seu estabelecimento comercial. Senti-me invisível ou alguém que esta incomodando, como se tivesse pedindo um favor.

Quem sou para você? Uma fonte de oportunidade? Seu sonho de consumo? Ou a pessoa que vai marcar sua jornada positivamente como consultor? Sabe por que você continua assim? Porque não tem treinamento e orientação e, como consequência, gera essa insatisfação que nos obriga a utilizar os órgãos privados e públicos que defendem o consumidor para que venha nos proteger de vocês. Quem deveria ter essa preocupação era você.

Qual é a visão que o cliente tem de mim? Essa era a pergunta que todos os consultores deveriam fazer após um atendimento.

Muitas vezes sinto-me como um ser de outro planeta quando sou atendido por alguns "consultores" sem preparo, sem conhecimento, desmotivados, sem educação e muitos ainda acham que estão fazendo um favor.

Lembre-se que você não é o único que fornece o produto ou serviço que estou à procura.

Aproveito esse espaço para dizer que busque o conhecimento e desenvolvimento, e tenha em mente que sou eu quem mantém sua empresa em funcionamento. Sem mim, onde você estaria?

Quero dizer para vocês, consultores e profissionais de atendimento que querem nos conquistar e encantar, aprendam sobre a minha importância como cliente e busquem conhecer como funciona o processo de vendas que está sendo apresentado nesse livro. Assim você vai aprender como fidelizar um cliente.

Para você, supervisor de vendas, gerente comercial, executivo e presidente, esta é a visão que tenho de sua empresa representada pelo seu "consultor". E o que vocês vão fazer? Esperar a empresa fechar as portas ou treinar e desenvolver sua equipe de vendas? Espero que você, gestor, transforme sua equipe em pessoas preocupadas comigo, o seu cliente.

22 — A IMPORTÂNCIA DO CLIENTE

Muitos empresários e inclusive profissionais de vendas denominam o cliente como um freguês, comprador ou consumidor. Nesse novo mercado, onde a concorrência é acirrada, o consultor tem que ir além. Na atualidade, o cliente tem que ser considerado como uma ESTRELA. As empresas inteligentes do século XXI têm que estender um tapete vermelho para receber seus clientes com todas as pompas e honras, independentemente do canal que o cliente utiliza para ter contato com a empresa. O cliente é a razão da existência de todas as empresas e aquelas que querem realizar as bodas de sucesso têm que priorizar os clientes.

Neste mercado competitivo, as opções são grandes e a disputa a cada dia tem aumentado. O consultor de vendas tem que valorizar o cliente e fazer todo o diferencial para que, no processo de vendas, o produto e serviço oferecido venham ser o preferido pelo cliente. O cliente é o combustível que move as engrenagens de uma empresa, pois sem o combustível o veículo existe, mas não se locomove. O cliente pode ser comparado à maior estrela do universo que é o sol, pois transforma uma noite fria em um lindo dia de verão.

O cliente, quando inicia um contato com o consultor de vendas, quer ser receptivo, bem tratado, sentir-se importante, independentemente do valor da compra. Se hoje o cliente compra algo de pequeno valor, ao ser bem tratado voltará ou indicará alguém para comprar também.

Por isso o cliente tem que ser sempre honrado, pois a sua importância é muito grande. O consultor que valoriza e têm atitudes que elevam o valor do cliente, terá muitas manhãs de felicidades ao iniciar mais um dia de sua existência no mundo das vendas.

23 QUEM É MEU CLIENTE?

A população mundial ultrapassa o número de sete bilhões de clientes em potencial. E esses são todos meus clientes? A resposta é não. Existem clientes para cada determinado produto e serviço. A fábrica e montadora de automóveis italiana Ferrari tem uma fatia desse número de clientes. O salão de cabeleireiro Brisa também tem outra lasca desses clientes.

Existem duas perguntas muito comuns entre profissionais de vendas: onde está meu cliente? E como encontrá-lo? Existem várias maneiras de encontrá-los. Em primeiro lugar é necessário trabalhar e fidelizar os clientes que já fazem parte do banco de dados, ou seja, aquele que compra ou realiza cotações periódicas, pois estes são uma fonte que indicarão outros clientes. Em segundo lugar, oferecer, utilizando todos os canais existentes para mostrar seus produtos e serviços.

Para todo tipo de produto e serviço, sempre existe alguém que consome. Existem pessoas que consomem pizza e pessoas que não consomem, existem consumidores de cervejas e outros que não consomem. Todos os produtos que são produzidos no planeta foram criados pensando em alguém. A empresa e o consultor de vendas têm que analisar e buscar seus clientes a cada dia, não importa o local, como o garimpeiro que vai às maiores profundezas à procura da grande pepita de ouro. Ou como uma águia que inicia a criação de sua geração nos mais altos montes. O consultor tem que almejar e sonhar em conhecer o seu cliente e ter como objetivo atender a sua necessidade com foco na satisfação e felicidade.

24 — TIPOS DE CLIENTES

Todo ser humano tem comportamentos diferentes uns dos outros. E a região que vive e os costumes também influenciam muito nas atitudes. Existem vários tipos de clientes, mas não tem uma formula definida de como agir com cada um deles. É importante saber identificar o perfil de cada um para saber como conduzi-lo no processo de vendas. O cliente, independente do sexo, tem emoções e atitudes diferentes antes, durante e depois da venda. Vamos abaixo enumerar apenas sete de muitos tipos de clientes e como lidar com cada um deles.

1) **Cliente consciente:** é aquele cliente que valoriza produtos e serviços que fortaleçam as questões sociais e ambientais. Produtos que colaboram com o meio ambiente e que consomem pouco do sistema verde. Suas decisões de compra estão baseadas na sustentabilidade.

> **Como lidar:** nesse caso o consultor de vendas tem que apresentar todos os produtos e serviços, dando mais foco naquele que o cliente prefere e valorizando o que é sustentável.

2) **Cliente pesquisador:** é aquele cliente que busca o produto ou serviço de sua necessidade pelo menor preço possível. Ele também valoriza o bom atendimento e a receptividade quando chega pessoalmente no estabelecimento comercial. A pesquisa dele não está ligada somente em preços, mas na confiabilidade de que pretende comprar.

> **Como lidar:** no processo de vendas, o consultor deverá apresentar de forma abrangente todos os benefícios do produto ou serviço de menor preço, demonstrando também o produto ou serviço com médio e maior valor e deixando à disposição várias opções para escolha. Agindo assim, o consultor transfere a responsabilidade de escolha para o cliente.

3) **Cliente tranquilo:** esse cliente tira o dia ou parte dele para comprar um certo produto ou serviço. Chega no estabelecimento comercial, pede para anunciá-lo e espera tranquilamente para ser atendido por seu consultor de preferência. Ao ser recebido pelo profissional de vendas, olha de forma detalhada os benefícios do produto e serviços de sua escolha.

> **Como lidar:** ao atender um cliente com esse perfil, o profissional de vendas tem que se revestir da tranquilidade e apresentar para o

cliente o produto ou serviço de forma minuciosa, detalhando os pontos importantes e os não favoráveis à sua necessidade.

4) **Cliente complicado:** é aquele que sempre encontra algum empecilho no processo de vendas, porém o profissional que conseguir atendê-lo e concluir o processo de vendas, terá outros clientes indicados por ele, pois são poucos profissionais dotado de habilidade para atender esse tipo de cliente.

> **Como lidar:** aqui o consultor tem que buscar inspiração na paciência, pois, como todo processo pode ocorrer imprevisto, não é diferente no de vendas. Qualquer imprevisto que ocorrer nessa relação com o cliente complicado, ele tem que ser o primeiro a saber, não pode ser informado por terceiro. Se ocorrer um atraso na entrega, o aviso não pode ocorrer pela transportadora ou responsável pela entrega e sim pelo consultor.

5) **Cliente detalhista:** o detalhista é aquele que precisa de explicação do produto e serviço nos mínimos detalhes. Antes de iniciar ao processo de vendas, ele pesquisa sobre o produto e serviço e, quando em contato com o consultor de vendas, espera que a informação seja clara e objetiva.

> **Como lidar:** o profissional ao atender esse tipo de cliente tem de ter conhecimento de forma geral e minuciosa e explicar todas as políticas da empresa como forma de pagamento, entrega e assistência técnica. Com essa atitude

evitará problemas futuros. Com esse tipo de cliente não se pode forçar a venda, apenas demonstrar os benefícios que ele terá na aquisição do produto ou serviço escolhido.

6) **Cliente indeciso:** é inseguro que, quando utiliza o telefone para conversar com um consultor ou vai até o estabelecimento comercial, não sabe o que vai comprar. Tem uma necessidade, mas é carente de uma opinião de terceiro. A sua indecisão esta na cor, modelo, marca, forma de pagamento e em muitos casos no tamanho do produto.

> **Como lidar:** nesse caso, o consultor tem a missão de ajudar o cliente na decisão de compra, que é um passo para concluir no fechamento da venda. O profissional de vendas, ao perceber que o cliente gostou um pouco de um produto ou serviço, deverá manter o foco e elogiar para que interesse aumente e o cliente fique satisfeito, concluindo o fechamento.

7) **Cliente consultor:** atender esse perfil de cliente é muito prazeroso para o profissional de vendas, pois atender um colega de profissão facilita muito o processo de vendas. Em muitos casos, esse cliente conhece tanto ou mais de vendas do que o próprio consultor que está lhe oferecendo o produto ou o serviço.

> **Como lidar:** nesse atendimento, o ideal é não ficar elogiando nem fazer rodeios. Seja direto, e descreva os benefícios, sendo muito objetivo na apresentação. Respeite o cliente para conquistar sua confiança.

25 — ATENDIMENTO CONSCIENTE AO CLIENTE

Em um cenário empresarial cada vez mais disputado entre as empresas e ambas têm como missão em conquistar um mesmo cliente. O excelente atendimento tornou-se uma ferramenta necessária para sobrevivência e sucesso nos negócios. Com os clientes mais exigentes e dotados de conhecimentos de seus direitos, no momento de uma pesquisa de um certo produto ou serviço, o atendimento tem colocado muitas empresas no trono do sucesso e outras na gruta do fracasso. O atendimento consciente é chave de ouro que abre a porta do sucesso. Tudo inicia no atendimento, pois é a porta de entrada para uma venda.

O que é um atendimento? Atendimento é o ato de atender ou direcionar a atenção exclusiva a alguém. O atendimento pode ser realizado por qualquer ser humano no ambiente profissional, ambiente familiar e em geral, desde que ocorra um contato com outro ser humano. Ocorre aí o chamado "atendimento".

Na área comercial, o profissional de vendas ao ter contato com o cliente, sabendo que tem vários outros consultores com os mesmos produtos e serviços com preços parecidos, tem que fazer a diferença, tendo o atendimento como aliado. Quando o atendimento ocorre de forma ruim para o cliente, perde a empresa e o profissional, pois o cliente sempre vai ter uma imagem negativa da empresa. Por isso a importância do excelente atendimento. Os consultores de vendas têm que surpreender os seus atuais e futuros cliente encantando-os. E como saber quando encanto meus clientes? É muito fácil. Quando você realiza vendas mais de uma vez e ainda recebe indicações, nesse caso podemos falar que esse atendimento foi marcante.

O atendimento pode ocorrer via telefone, e-mail, redes sociais, cartas, telegramas, vídeo conferência e através do contato pessoal. Vamos falar um pouco mais sobre os três mais utilizados.

Por telefone: quando o consultor de vendas atender o cliente por telefone, tem que se mostrar interessado e ter boa vontade, demonstrando para o cliente que, naquele momento do atendimento, ele é o mais importante. O profissional de vendas tem que deixar claro que ele é o seu representante e defensor na organização. Com essa atitude ele deseja transmitir confiança. O bom humor, a alegria, a educação e a paciência devem ser sempre utilizadas no atendimento ao cliente. No ato do atendimento deverá se adaptar ao estilo do cliente. Se é formal, deverá atendê-lo de maneira formal. O consultor de vendas tem que ficar atento ao toque de telefone e deverá atender no máximo ao segundo toque. Quando o cliente liga e o telefone toca e ninguém atende, dá-se uma impressão de uma empresa abandonada ou tem funcionários preguiçosos.

E-mail: o profissional de vendas, quando utilizar a escrita, deverá utilizar a palavra de forma objetiva e fazer de maneira que o cliente entenda, respeitando as normas da língua portuguesa. Um único acento pode mudar o sentido da palavra.

Pessoalmente: ao atender o cliente no estabelecimento comercial, o consultor deverá fazer de maneira receptiva e educada e deixar o cliente à vontade. Quando o profissional de vendas for até o estabelecimento do cliente, deverá comportar-se de maneira educada. Tanto no estabelecimento comercial ou no estabelecimento do cliente, a higiene, educação, respeito, postura profissional, conhecimento sobre o produto e serviço devem ser aliados para que o atendimento venha ter sucesso.

O bom atendimento deve estender também aos chamados cliente internos, como colegas de trabalhos, parceiros e os líderes. Se não atendo bem meus clientes internos, estou preparado para atender os clientes externos? A resposta é não. Para que exista um bom atendimento interno e externo deve-se investir em muito treinamento e conscientização dos profissionais.

O profissional de vendas tem que fazer um atendimento consciente, que vai além da troca de informações, ou seja, falar com o cliente ou responder o que pergunta. Tem-se que encantar o cliente, surpreendê-lo. E para que isso ocorra, tem que transmitir a alegria, deixar o cliente à vontade e atender de acordo com a sua expectativa. Se ocorrerem equívocos durante o atendimento, o consultor deve assumir o erro e fazer a correção.

Todos os profissionais que trabalham no atendimento ao cliente têm a obrigação de prestar um excelente atendimento, pois os clientes são responsáveis pelo funcionamento da empresa que ele trabalha. O profissional de vendas tem a obrigação de atender o cliente e a missão de encantá-lo.

26 — QUEM DECIDE A COMPRA? QUEM COMPRA OU QUEM PAGA?

Existem muitos influenciadores no ato de compra de um produto ou serviço por qualquer ser humano. A maioria dos clientes vão às compras quando surge uma necessidade. E esses influenciadores surge dos relacionamentos mais próximos. Quando fui comprar os móveis de minha casa, minha esposa teve 100% de influência. Se a mulher sair com uma amiga para ir às compras, com certeza, em muitas compras, ambas se influenciaram.

Vamos imaginar uma construção de uma casa e reforma de um apartamento, ambos de alto padrão. Em obras desse nível sempre existem alguns profissionais que serão os influenciadores na compra. O arquiteto, o engenheiro, o mestre de obras e, em muitos casos, até os pedreiros são influenciadores no tipo de material, que podem direcionar para um determinado fornecedor de sua confiança. Por isso o consultor de vendas deve saber quem influencia e quem autoriza a compra.

Toda grande empresa tem um departamento de compras. Na maioria delas, bem estruturado, com supervisores e até gerentes. Nessa grande empresa, quem decide qual será o fornecedor o comprador ou o presidente da companhia? O presidente pode até autorizar a compra, mas o departamento de compras é fundamental nessa decisão final.

27 — A ARTE DE INFLUENCIAR POSITIVAMENTE O CLIENTE

Influenciar um cliente requer muito trabalho, força de vontade e dedicação. E, para que isso ocorra, temos que nos colocar no lugar de outra pessoa, ou seja, vestir a camisa do cliente. É uma atitude que nos aproxima dele, dando abertura para um relacionamento verdadeiro.

E o que é influenciar? É quando uma pessoa consegue, de maneira positiva e consciente, mudar total ou parcialmente a decisão de outra pessoa. Essa influência tem que ser positiva e gerar benefícios e ser fundamentada nos princípios humanos como dignidade, lealdade, vida e outros.

Todo profissional de vendas tem o poder de influenciar o cliente no processo de vendas e, quando isso ocorre positivamente, abre a janela da gratidão e o compromisso de indicar outros futuros clientes. E para que isso aconteça, o consultor tem a missão de criar um elo com esse futuro ou atual cliente.

Nessa conexão deverá utilizar algumas atitudes para concretização da influência.

1) **Sorriso:** o ser humano só pode ajudar alguém quando tem condição para tal. É muito difícil um profissional com dificuldade ajudar outras pessoas, ou seja, para fazer uma ação de bondade tem que existir condição por parte do agente solidário. O sorriso é a vitrine do que está dentro de cada ser humano. O grande Rei Salomão escreveu em seu livro Provérbios, no capítulo 15, versículo 13, que "o coração alegre aformoseia o rosto. Mas pela dor do coração o espírito se abate". O sorriso é muito importante para que ocorra essa interligação com o cliente. Quando uma pessoa nos olha sorrindo, demonstra que ela esta passando por um momento de felicidade muito especial e isso faz que queremos ficar sempre perto dela. O escritor norte americano Dale B. Carnegie escreveu em seu *best seller* "Como fazer amigos e influenciar pessoas" o seguinte:

> **O efeito de um sorriso é poderoso - mesmo quando não pode ser visto. As companhias telefônicas em todos os Estados Unidos mantêm um programa chamado de "a força do telefone" e que é dado aos empregados que utilizam o telefone para vender seus produtos ou seus serviços. Neste programa, pedem-lhes que, ao falar ao telefone, você sorria. Seu "sorriso" é transmitido pela sua voz.**

O sorriso lava a alma do aflito e contagia quem esta feliz, por isso ao sorrir o profissional de vendas vai influenciar o cliente de forma positiva. Mario Quintana certa vez escreveu "Quero sempre poder ter um sorriso estampado em meu rosto, mesmo quando a situação não for muito alegre. E que meu sorriso consiga transmitir paz para os que estiverem ao meu redor".

2) **Chame o cliente pelo nome:** o nome serve para identificar algo e quando se trata de seres humanos é fundamental identificá-los e diferenciá-los do demais. Quando temos algo para transmitir para outra pessoa é crucial sabermos seu nome. O nome é tão importante que, segundo relata Gênesis, o primeiro livro da Bíblia, quando no início da criação do universo o Grande Arquiteto, ao realizar sua primeira criação humana, o chamou de Adão e orientou-o a colocar nomes nas outras criações. Outro fato marcante ocorreu também quando o anjo Gabriel foi anunciar o nascimento do maior influenciador da humanidade. Ele disse: "Não tenha medo, Maria. Você foi agraciada por Deus. Você ficará grávida e dará à luz um filho e lhe porá o nome de Jesus".

Quando o profissional de vendas chama o cliente pelo nome, além de se sentir à vontade, demonstra para o cliente que nessa relação ele é tão importante quanto o futuro negócio que irá concretizar. Repita o nome do cliente enquanto conversa, pois ajudará na memorização. Se mesmo assim encontrar dificuldade, faça associações com os nomes, associando a um outro amigo ou situação vivida. Isso facilitará muito no processo de memorização. Chamar o cliente pelo nome é música para os ouvidos, é colocá-lo com exclusividade entre os demais.

3) **Escute com atenção:** existem muitos artigos que descrevem a importância de ouvir o cliente. Ouvir o cliente é muito fácil, mas escutar é uma tarefa difícil

e são poucos que têm esse dom. Os que ainda não possuem, podem adquiri-lo com muita paciência no balcão da sabedoria.

Ao provérbio "Ouvir é prata, calar é ouro" acrescento "escutar é diamante". Uma vez o grande sábio Salomão disse que: "ao escutar, o sábio aumentará sua formação e o inteligente alcançará maior habilidade". Escutar vai muito além de ouvir, ou seja, a pessoa presta atenção nos detalhes do que é dito. O consultor que escuta o cliente tem maior probabilidade de ter sucesso no processo de vendas. Dalai Lama disse certa vez que "a arte de escutar é como uma luz que dissipa a escuridão da ignorância. Se você é capaz de manter sua mente constantemente rica através da arte de escutar, não tem o que temer. Este tipo de riqueza jamais lhe será tomado. Essa é a maior das riquezas".

4) **Faça perguntas baseadas na necessidade:** o cliente quando chega até uma empresa já tem uma noção daquilo que está procurando. O profissional de vendas tem que investigar, analisar e fazer perguntas, baseando na sua necessidade, e oferecer o produto ou serviços de acordo com que busca. Mas como saber o que o cliente quer? Imagine um cliente ligando ou indo pessoalmente a empresa para comprar um condicionador de ar para climatizar um dormitório. O profissional de vendas, ao ter contato com esse potencial cliente, começa a fazer as perguntas baseadas naquilo que está procurando. Você tem uma noção do equipamento? Esse condicionador de ar é para você? Qual a cor preferida? Você tem preferência por marca? Qual é o maior motivo dessa compra? Aonde será instalado esse aparelho?

Com essas informações, conclui-se que o cliente necessita de um equipamento que funcione para seu conforto, com um nível de barulho muito baixo e com um designer sofisticado. Portanto, o profissional de vendas pode até dar uma sugestão de um produto que agregue valor para o cliente, mas, para que o processo se conclua com o fechamento, é crucial que o produto ou serviço seja igual ou superior ao que estava procurando. E de preferência pelo mesmo valor monetário. O profissional de vendas também não pode esquecer de usar nas perguntas o mesmo vocabulário do futuro cliente, de preferência no mesmo tom de voz. Naguib Mahfouz disse "Você consegue saber se um homem é inteligente pelas suas respostas. Você consegue saber se um homem é sábio pelas suas perguntas".

5) **Fortaleça a ideia do cliente:** pela necessidade, surge o desejo de compra. E quando o cliente vai fazer as pesquisas, já tem em mente o que procura. O profissional de vendas, ao dar início ao processo de vendas, tem que sempre fortalecer a ideia do cliente, mas se tiver em estoque um produto ou serviço que é novidade e tem maior benefício, pode apresentá-lo de maneira sutil, dizer dos pontos positivos do produto ou serviço de maneira serena, além de citar também os pontos negativos. O cliente está à procura de uma TV para assistir a copa de futebol e o que importa para ele é que seja de 42 polegadas e que tenha uma espessura pequena, do modelo TV convencional. O profissional de vendas pode falar que ele está fazendo uma excelente escolha, mas também oferecer outros modelos com tecnologia superior, uma TVHD, que além de ter uma espessura imperceptível e ter 42 polegadas, tem a função descanso, que é um benefício que auxilia no descanso

da visão, obedece ao comando de voz e é totalmente interligada à internet. Pode ainda dizer que, com todos esses benefícios, só será 5% a mais no valor e que não pode deixar essa oportunidade passar, por ser única. A maioria dos clientes procura um produto ou serviço com maiores benefícios com preços iguais ou poucos superiores, ou seja, ele busca vantagens pelo preço justo. Após o fortalecimento da ideia do cliente, é só finalizar o processo de vendas com o fechamento. Fortalecer a ideia do cliente em um processo de vendas é colocar-se no lugar dele e abrir o leque para outras possibilidades.

6) **Agradeça o cliente:** ser agradecido é uma virtude espetacular e que está em extinção nesta cultura moderna. O que tem predominado na atualidade é o imediatismo, onde o que está sendo entregue no prazo já está atrasado. Cliente, quando ouve de um profissional de vendas "parabéns pela excelente compra" e "muito obrigado por fazer parte da minha vida profissional", engrandece o cliente e o coloca em um patamar elevado, deixando o profissional de vendas com grande paz interior. Até o mestre do amor ficou feliz quando destacou o exemplo de um, entre dez leprosos, que retornou para agradecer pela sua cura. Jesus até lhe perguntou o que tinha acontecido com os outros nove que também tinham sido curados. Aquele que dedicou um tempo para agradecer, recebeu a graça do seu toque e do seu amor que cura (Lc 17: 16-17). "Um deles, quando viu que estava curado, voltou, louvando a Deus em alta voz. Prostrou-se aos pés de Jesus e lhe agradeceu. Este era samaritano. Jesus perguntou *Não foram purificados todos os dez? Onde estão os outros nove?*"

Da mesma maneira que Ele não desprezou um coração agradecido, o cliente também sentirá honrado quando um profissional de vendas expressa sua gratidão por um simples "muito obrigado pela compra".

7) **Fale fazendo comparações positivas:** em muitos casos a maneira de você criar uma sintonia com o cliente é utilizar comparações positivas sobre o produto ou serviço com outros totalmente diferentes. No final de novembro de 2012, com autorização da diretoria e depois de ser aprovado nos testes realizados pelo RH, contratei mais um consultor de vendas para minha equipe. Depois de dez dias de treinamentos, começou a exercer as atividades na equipe de vendas com muito foco e objetivo definido. Três meses depois já estava entre um dos campeões de vendas. Quatro meses depois da contratação, em uma reunião de acompanhamento e conversando sobre os pontos a melhorar, ele disse para mim "quando estava conversando com o cliente e percebia que o cliente não tinha entendido, utilizei comparação de outro produto ou situação para facilitar o entendimento". Contou ainda que, quando estava negociando o condicionador de ar e a instalação e o cliente disse que a mão de obra estava com o valor alto, o consultor frisou que "além da segurança você está adquirindo o melhor serviço garantido por mim, seu consultor de confiança. Somos uma empresa especializada, você trocaria o óleo da sua BMW no posto de gasolina duvidoso da esquina? Agora imagina um aparelho que vai trazer conforto para toda sua família?". A forma que o consultor de vendas falou com o cliente, utilizando uma comparação, pode influenciá-lo na decisão de compra de um produto e serviço.

28 O QUE OS CLIENTES ESPERAM DE UM CONSULTOR DE VENDAS

O que o cliente espera de mim como profissional de vendas? Essa é uma pergunta que todos consultores de vendas deveriam fazer para si mesmo todos os dias antes de iniciar um dia de trabalho. Todo cliente busca um atendimento exclusivo, recheado de cortesia, simpatia e com cobertura de gentileza.

Clientes querem produtos e serviços de qualidade por um preço acessível, pois os seres humanos sempre buscam o que é bom.

No mês de maio de 2008, depois de tirar meu carro de uma manutenção periódica, quando cheguei em casa percebi que a lâmpada do farol esquerdo dianteiro estava queimada. Como na rua de baixo da minha casa tinha uma loja de peças, seria mais fácil comprar essa peça lá do que retornar na concessionária para fazer uma pequena reclamação, pois talvez já estava queimada quando saí de lá. Cheguei no balcão de uma loja muito conhecida em São Paulo e fui atendido por um consultor. Apresentei a lâmpada com defeito, ele foi no estoque bem rapidamente e trouxe a lâmpada nova em uma pequena caixa. Entregou para mim, fui até o caixa, efetuei o pagamento e recebi o cupom fiscal. Ao analisar o atendimento do prezado consultor, para mim foi mediano. Se fosse dar uma nota de 0 a 10 seria 4, pois só fez aquilo que eu pedi. Mesmo assim, por algum período indiquei alguns amigos para comprar lá, pois tudo foi rápido. Não esqueci o nome do consultor, pois estava estampado no crachá no peito dele. Em 2014, alguns anos após aquela compra, queimou mais uma lâmpada do farol direito dianteiro e da luz de freio. Nesse caso ficou mais difícil, pois nunca tinha mexido na luz de freio. Mas fui lá para comprar a lâmpada do farol e de freio traseiro, pois, se não conseguisse trocar, levaria no mecânico e sairia por um preço melhor, porque utilizaria somente a mão de obra. Quando cheguei, na entrada da loja tinha um grande balcão cheio de consultores. Não vi o consultor que me atendeu anteriormente, mas disse para outro o que eu queria. Foi um desastre o atendimento, ele perguntou "qual lâmpada traseira? Preciso saber qual é para poder te ajudar". Nesse momento já subiu o fogo da ira, pois o telefone tocou e ele atendeu. Eu disse "amigo, é luz de freio traseira!". Aí ele mexeu em alguns catálogos e disse mais uma vez "preciso que você me diga qual é a lâmpada?". Nesse momento virei as costas e sai de lá indignado. O que eu esperava desse infeliz? Que, se preciso, fosse comigo até o meu carro que estava no estacionamento em frente, a cinco metros, e ajudasse a descobrir qual seria a peça. Faltou proatividade em ajudar o cliente. Além de fazer uma reclamação por escrito, nunca mais coloco meus pés nessa loja. Eu, como cliente, quero ser bem tratado, me sentir importante.

Vamos abaixo descrever alguns pontos que os clientes esperam de um consultor de vendas.

1) **Ser tratado como único:** o cliente, quando entra em contato com um consultor de vendas, quer em primeiro lugar ser tratado como único. A exclusividade tem que reinar nessa relação, pois cliente feliz gera outros clientes no futuro, mas os descontentes reproduzem pessoas com necessidade, mas inseguras para entrar em contato com você. Sempre frequentava um padaria no meu bairro. Todos os dias passava só para tomar um café e tinha uma atendente que se achava a rainha da padaria. Ficava cantando e brincando, se achando o máximo. Certo dia entrei, pedi um lanche natural e depois de alguns minutos ela trouxe um x-burguer. Falei para ela que não era o lanche que tinha pedido. A atendente ficou brava, disse que era esse que tinha pedido e começou a bater de frente comigo. Para evitar maiores transtornos, paguei o lanche e nunca mais voltei lá. O cliente tem que ser tratado como único. Por causa de um lanche, eles perderam vários, pois não consumi nada mais desse estabelecimento. Essa padaria até hoje tem uma imagem negativa para mim.

2) **Ser valorizado:** todo ser humano quer ser valorizado, independentemente da classe social e posição intelectual. O cliente sente-se valorizado quando o consultor de vendas reconhece sua importância para a empresa que ele trabalha e para si próprio. Imagine você, consultor de vendas, sendo valorizado pelos serviços prestados para empresa que você trabalha. O seu líder o valoriza e sempre o coloca em evidencia nas reuniões principais de vendas! Qual é a sua sensação? Você quer continuar na empresa onde trabalha? Ou prefere trabalhar em um local que você faz é como se fosse uma obrigação? Se você gosta de ser valorizado pela

empresa da qual você depende, imagine o cliente que entra em contato conosco e não depende exclusivamente de nós, pois há outras empresas que comercializa o mesmo produto e serviço. Como se sente um cliente quando é valorizado, quando estamos atendendo e nosso foco está 100% nele? Cliente valorizado valoriza o profissional que o atende, já o desvalorizado vai embora e nunca mais volta.

3) **Boa vontade:** quantas vezes já chegamos em lojas de roupas, perfumarias e dá para perceber que o consultor que ia atendê-lo vira fumaça, desaparece, principalmente quando o supervisor não esta por perto? Certa vez fui com um amigo em uma empresa que faz pacotes para viagens nacionais e internacionais, muito conhecida. Meu amigo tinha o dinheiro para comprar. Era numa sexta-feira e nesse dia estávamos de roupa casual. O atendimento foi uma negação, só faltou abrir a porta e pedir para sairmos. O atendente deu um cartão e disse para nós entramos em contato. Em casos como esse, o cliente percebe a má vontade. Nesse atendimento, o ideal era apresentar todos os pacotes parecidos com aquele estava procurando, explicar os benefícios de cada um deles e colocar-se à disposição. Se o fechamento não ocorresse naquele dia, pode ter certeza seria nos dias seguintes. Foi o que ocorreu em outro estabelecimento. É obrigação do profissional de vendas ter boa vontade ao atender o cliente, pois, se não tem boa vontade de ajudar o próximo, está na profissão errada.

4) **Tolerância:** ser tolerante é ter a capacidade de suportar com calma uma reclamação. E isso pode ocorrer no processo de vendas. Ter tolerância é ter paz de

espírito. Quantas vezes ocorre de um cliente ligar ou ir pessoalmente no estabelecimento comercial e ficar mais nervoso do que já estava? Por que isso ocorre? Quando por algum motivo ocorreu um imprevisto e acabou afetando o cliente, a primeira atitude que ele tem é ligar imediatamente furioso para o consultor de vendas. Para essa ligação terminar em paz, depende 100% do estado de espírito do consultor de vendas. Certa vez recebi uma ligação de um advogado muito bravo, xingando até minha quarta geração. Ele reclamava sobre a entrega dos produtos e dizia que a empresa que eu trabalhava tinha um monte de burros. Ouvi com calma, levando em consideração o ditado que diz quem tem boca fala o quer. Respirei fundo sem ele perceber, é claro. Disse de maneira calma e tranquila "senhor, em primeiro lugar quero agradecê-lo pelo contato. Respeito tudo o que o senhor disse anteriormente. Não concordo, mas vou fazer um levantamento para saber onde encontra-se a mercadoria que o senhor adquiriu. Retornarei em quinze minutos". Fiz rapidamente o levantamento da nota fiscal e liguei para a transportadora. A atendente disse que já tinha sido entregue pela manhã e o caseiro tinha recebido. Retornei a ligação para o cliente, informando o ocorrido. Ele disse que ia verificar e daria um retorno. Cinco minutos ele me liga, informando que estava entregue e agradeceu pela minha paciência. Se eu tivesse batido de frente, qual seria o final? A probabilidade de ter um final diferente seria de quase 99%. O caso chegaria à diretoria da empresa e eu sairia com uma imagem negativa. Quando cliente faz a ligação e verificamos que está nervoso por qualquer falha, temos que ter paciência. Lembre-se, fogo se apaga com água. Clientes bravos se acalmam com muita tranquilidade e solução do problema.

5) **Comprometido:** ser comprometido com um cliente é obrigação moral e profissional de qualquer consultor de vendas. O profissional tem que ter em mente que o comprometimento deverá nascer já no primeiro contato e permanecer durante todo processo de vendas. O consultor comprometido com o cliente tem maiores chances de fechar as grandes vendas, pois o cliente sabe que com ele pode contar. O comprometimento inicia-se no atendimento com gentileza e presteza, quando oferecemos soluções coerentes e transparentes e focamos nas agilidades das solicitações, cumprindo, todas as datas estabelecidas com o cliente.

29 — COMO PROCEDER PERANTE A RECLAMAÇÃO DE UM CLIENTE

Os clientes reclamam, pois durante o processo de vendas ocorreu uma situação diferente da que foi acordada. Órgão especializados de defesa do consumidor reforçam que a maioria dos clientes que reclamam, retornam a comprar após a reclamação. Se o consultor, que é o porta-voz da empresa, não atende o cliente e não busca a solução para o problema apresentado, com certeza o cliente vai buscar outros caminhos. Na empresa, além do próprio consultor, temos ainda o coordenador, supervisor, SAC da empresa, gerente, gerente-geral de vendas, diretor-geral, diretores e o presidente. Se o cliente não conseguir contatos, mesmo assim existem outros meios para apresentar sua reclamação, como sites especializados em receber a reclamação que é compartilhada com outros clientes e a Fundação de Proteção e Defesa do Consumidor (PROCON), que é um órgão estatal que auxilia o consumidor sobre seus direitos. Existe também uma delegacia especializada, DECON, onde o cliente pode fazer uma queixa-crime, relatando um crime contra o consumidor. E se preferir podem ainda utilizar os tribunais para buscar seus direitos.

Vimos que o cliente tem muitos meios para expor suas reclamações, mas por que o cliente procura esses outros meios? Por que o consultor não dá a devida atenção na reclamação? Por medo? Não sabe resolver um problema? Não sei. O que eu sei é que o consultor de vendas que tem consciência, tem que ter a obrigação de solucionar os problemas do cliente. Lembre-se, 95% dos clientes, quando reclamam, sempre têm uma atitude furiosa. E como atendê-lo de maneira que venha ser um sucesso? Mas o que deve fazer quando cliente entra em contato relatando sobre um problema? Vamos descrever abaixo alguns conselhos que fazem toda diferença para que o problema venha ser resolvido de maneira inteligente.

1) **Atenda o cliente:** quando ocorre um problema e o consultor tem a informação antes do cliente, a maioria dos profissionais de vendas tem receio de ligar para o cliente e dar a notícia.

Imagine um calor infernal, 35° de media diária, e o cliente ligou para uma empresa de climatização para comprar alguns condicionadores de ar. O cliente é muito bem atendido pelo consultor, que tem um grande conhecimento do processo de vendas. Ao concluir a fase do fechamento, combina uma data para entrega e nesse dia já vai estar no local uma equipe de instalação contratada pelo próprio cliente, pois no dia seguinte, após essa data da instalação, ele receberá parentes e amigos para uma festa de aniversário. Mas o consultor estava acompanhando o processo e é informado que a entrega não vai ocorrer naquele dia. Nesse caso, o cliente tem que saber, pois, se não for avisado, vai chegar a hora que os profissionais de instalação vão chegar no local e não terão equipamentos para serem instalados. É obrigação do consultor informar o cliente, ele sabendo ou não do possível problema. O consultor tem que parar de mentir para o cliente, usando frases como "avisa para ele que estou em reunião", "estou no telefone", "fui ao toalete", "retorno a ligação", "fui ao médico" ou "estou na sala do gerente". Essas desculpas não funcionam mais para o cliente, nem para um profissional que ama o que faz, por isso atenda e resolva o problema, fidelizando o cliente.

2) **Não justifique:** quando o cliente entra em contato com uma empresa, por e-mail, telefone ou pessoalmente no estabelecimento comercial, não quer ouvir uma justificativa sobre o erro, mas sim uma solução imediata do problema. O problema em quase 86% das vezes, não é ocasionado pelo profissional de vendas. E a pergunta pode aparecer, "se não foi eu que ocasionei o problema porque tenho que solucionar?". Então coloco aqui outras perguntas, "quem causa uma doença? Por que o médico tem obrigação ética e moral em atender um paciente?". Se não atender, estará sujeito ao Código de Ética Médica e a sanções disciplinares. Mas foi ele que gerou a doença? Claro que não. O mesmo exemplo podemos usar no atendimento do consultor de vendas, que tem que sempre trocar a justificativa por uma solução.

3) **Não transfira responsabilidade:** se há uma atitude que aumenta o furor de um cliente é quando ocorre uma situação que é transformada em um problema e o consultor, ao atendê-lo, diz que a responsabilida-

de não é dele. Quando o cliente realiza uma compra, ele está fazendo com a empresa, não importa só o responsável pelo processo de vendas que o convenceu de comprar, mas todos da empresa. Ao realizar a venda, o consultor promete que o produto vai chegar em suas mãos sem problemas. Imagina você indo comprar um produto ou serviço e na hora da apresentação o consultor diz que o produto é excelente, mas tem grandes problemas no ato de aprovar o crédito, faturamento e na entrega? Você compraria? Acredito que não, a não ser que você goste de sofrer. Um erro muito grave nas organizações atuais é quando o cliente faz uma ligação telefônica para fazer uma reclamação e começa, entre consultores e a empresa em geral, um campeonato de peteca, pois o cliente é jogado de departamento em departamento sem solução do seu problema. E ainda pior é quando deixam uma música irritante, que deixa o cliente ainda mais bravo.

4) **Não seja ofensivo:** quando o consultor de vendas tem contato com o cliente via e-mail, telefone ou pessoalmente no estabelecimento comercial, para falar sobre um problema que ocorreu, muitas vezes tem uma atitude de ironia, raiva, agressividade e, em algumas situações, até fala palavras chulas. Nesse caso, o consultor não pode deixar a emoção reinar. Tem que manter a calma, entender o caso e buscar uma solução.

O cliente, quando entra em contato em busca de uma solução para o problema, quer que o consultor de vendas escute, compreenda e se comprometa na solução. Essa atitude o tranquiliza.

5) **Resolva o problema:** o cliente realmente quer a solução do problema. Se vai vir da China ou do interior de São Paulo, não importa. Ele realmente deseja é uma solução mais rápida possível. O consultor de vendas tem que buscar a solução para o cliente. Se precisar, vai até o gerente e, se não tiver uma resposta, vai até o presidente da empresa. A solução tem que aparecer. Após o cliente ter uma solução verbal, o consultor deverá fazer um acompanhamento, para que não ocorra uma segunda falha antes de concluir a solução definitiva. Após a solução definitiva, o consultor deve certificar-se se tudo ocorreu bem e deixar claro que as falhas ocorreram porque pessoas são passiveis de erros, mas a empresa está adotando melhorias para melhor atender o cliente. Nunca esqueça que o cliente é responsável pelo seu sucesso ou fracasso.

30. POR QUE OS CLIENTES NÃO COMPRAM COMIGO?

Essa é uma pergunta que fica martelando a mente de muitos profissionais de vendas, pois, segundo o próprio ponto de vista, tudo é feito corretamente, mas, na hora de realizar o fechamento, o cliente fecha com o concorrente. Então, por que os clientes não compram comigo?

1. **Mau atendimento:** se há algo que as organizações devem se preocupar é o atendimento ao cliente. Quem nunca ficou revoltado com um mau atendimento? Quem nunca desligou o telefone por um mau atendimento? Quem nunca saiu de um estabelecimento sem efetuar a compra por um mau atendimento? O mau atendimento é uma porta que se fecha e impede o inicio do processo de vendas. Todos os profissionais de atendimento que o realizam de maneira relaxada nunca terão sucesso.

Como agir nessa situação: buscar sempre atender o cliente, tendo como foco as suas necessidades. O profissional que utiliza o atendimento para realizar suas atividades e almeja o sucesso tem que ser receptivo, alegre, ajudar, servir, ter como missão satisfazer os anseios dos clientes.

2. **Quando não há necessidade:** existem muitos casos que o cliente entra em contato com o consultor de vendas e naquele exato momento não existe a necessidade de compra do produto ou serviço. Em algumas situações pode até ocorrer o fechamento, mas em regra, quando não existe a necessidade, não ocorrerá a compra.

    Como agir nessa situação: crie a expectativa a fim de gerar a necessidade. Apresente para o cliente as vantagens que terá ao comprar com você nesse momento.

3. **Não tem condições financeiras:** cada cliente possui uma condição financeira diferente dos outros. Existem produtos que são destinados a somente um tipo de cliente. Um exemplo é o carro Porsche 918 Spyder, avaliado em torno de US$ 845 mil. Somente uma pequena parte dos clientes existentes no mundo podem adquirir esse produto.

    Como agir nessa situação: no momento da pesquisa e apresentação, procure demonstrar para o cliente os produtos e serviços de acordo com a situação financeira do cliente. Mas como saber a situação financeira do cliente? Se você não conseguir realizar a consulta prévia do crédito, utilize o diálogo para perguntas-chave, ofereça para o cliente outro produto ou serviço com valor muito superior do que estava procurando. Se ele questionar o valor, fortaleça o produto com o custo igual ou pouco superior que o cliente estava à procura.

4. **Preciso do produto ou serviço para o futuro:** cliente que necessita de um produto ou serviço, mas não tem urgência para concluir o fechamento, está em busca de uma oportunidade para realizar um excelente negócio.

   Como agir nessa situação: nessa situação, cabe ao profissional de vendas buscar uma excelente oportunidade para o cliente. Após o levantamento da grande oportunidade, informá-lo que é única e exclusiva.

5. **Ausência de desejo:** nesse caso existe a necessidade, mas o cliente está indeciso do que realmente quer.

   Como agir nessa situação: o consultor de vendas deverá descobrir o que mais motiva o cliente: design? Posição social? Os amigos? Mediante essa descoberta, ter sua comunicação focada no benefício que vai evidenciar o cliente, dependendo de cada situação.

6. **Falta de credibilidade:** a credibilidade é uma palavra-chave que agrega um valor muito grande para o relacionamento em qualquer situação. A credibilidade se conquista e se mantém à base de um trabalho árduo, transparente, alicerçado na confiança entre as pessoas.

Lembre-se, não são os negócios que constroem pessoas, mas são as excelentes pessoas que constroem grandes negócios.

Como agir nessa situação: deixar tudo claro, em todas as atitudes verbais e comportamentais. O profissional de vendas tem que ter em mente que a credibilidade é uma construção e, para construir essa obra, temos que colocar tijolos de transparência, cimento da segurança e manter sempre o nível de confiança.

Pensando como cliente: o cliente quando entra em contato com um consultor de vendas de uma empresa ou utiliza outros canais de vendas, como, por exemplo, a loja virtual, ele sempre buscar suprir uma necessidade e junto almeja alguns ingredientes que serão determinantes para a conclusão da compra. O profissional de vendas tem que pensar como um cliente. Quando você, consultor, vai comprar um produto ou serviço, o que busca? Você compraria esse produto ou serviço em qualquer lugar? Como profissionais de vendas temos que nos colocar no lugar do cliente e pensar como ele. Quando o cliente adquire um produto ou serviço, ele espera que todas as ações da empresa, desde o fechamento do pedido até o funcionamento do produto ou serviço, venham ocorrer sem interrupções, ou seja, sem imprevistos. Por isso, quando o consultor de vendas pensa como cliente, tem maior chance de concluir o negócio com sucesso ou resolver possíveis problemas.

POSFÁCIO

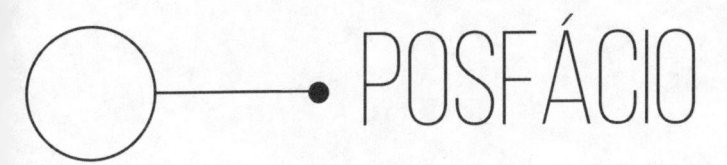

É com imensa satisfação que vejo esta obra finalizada. Acompanhei, nos últimos anos, todo estudo, pesquisa e o empenho que meu amigo e funcionário João Paulo teve para realizar esse grande sonho.

Tive a sorte de tê-lo escolhido para minha equipe de vendas e assim pude desfrutar na prática de todo seu conhecimento, fazendo com que nossa equipe se desenvolvesse de uma forma grandiosa e alcançando nossas metas ano após ano. Nossa empresa ganhou um profissional exemplar e eu, um amigo de verdade. A obra *Você sabe vender?* é o guia para o sucesso de uma equipe de vendas.

Sidney Tunda Junior
Diretor Comercial do Grupo Poloar

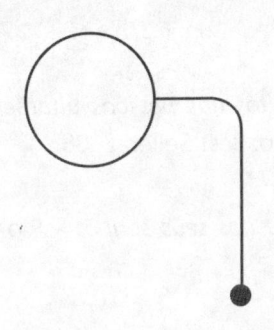

REFERÊNCIAS

- ALMEIDA, João Ferreira. *Revista e Corrigida*. 4ª ed. – Barueri/SP: Sociedade Bíblica do Brasil, 2009.

- AUN, Michel. *É o cliente que importa* - Rio de Janeiro - Sextante, 2012.

- BROOKS, Ian. *Seu cliente pode pagar mais* - São Paulo - Editora Fundamento Educacional, 2011.

- BAKER, Mark W. *Jesus o maior psicólogo que já existiu* - Rio de Janeiro - Sextante, 2005.

- CHIAVENATO, Idalberto. *Introdução à Teoria Geral da Administração: edição compacta*. 7. ed. Rio de Janeiro: Campus, 2004.

- COHEN, Herb. *Você pode negociar tudo: como preparar e aperfeiçoar suas habilidades de negociação*. Rio de Janeiro: São Paulo, Elsevier, 2005.

- COVEY, Stephen. *Os sete hábitos das pessoas altamente eficazes*. 31ª ed.- Rio de Janeiro: Best Seller, 2008.

- CURY, Augusto. *Nunca desista dos seus sonhos* - Rio de Janeiro - Sextante, 2004.

- FERREIRA, Aurélio Buarque de Holanda. *Dicionário da Língua Portuguesa* - Rio de Janeiro: Positivo, 2010.

- LONG, Brian G. *A negociação ganha-ganha: Como negociar acordos favoráveis e duradouros* - 1ª ed. São Paulo - Saraiva, 1990.

- HARDINGHAM, Alison. *Trabalho em equipe* - São Paulo - Nobel, 2000.

- MANDINO, Og. *O maior vendedor do mundo*. 53ª ed. - Rio de Janeiro: Record, 2003.

- MACTEAR, John. *Vendas - Conceitos essenciais que fazem a diferença*. Coleção direto ao ponto: São Paulo: Saraiva, 2012.

- MAXWELL, John C. *A arte de influenciar pessoas: Sozinho não se chega a lugar algum* - São Paulo - Mundo Cristão, 2007.

- PROCÓPIO, Roberto. *O vendedor total: O que é preciso saber sobre vendas externas e presenciais* - São Paulo - Livrus, 2012.